教師教育テキストシリーズ　8

学校経営

小島　弘道　編

学文社

■執筆者■

三輪	定宣	千葉大学（名誉教授）	[序]
神山	正弘	帝京平成大学	[第1章]
＊小島	弘道	龍谷大学，京都連合教職大学院	[第2章]
篠原	清昭	岐阜大学	[第3章]
天笠	茂	千葉大学	[第4章]
片山	紀子	国士舘大学	[第5章]
臼井	智美	大阪教育大学	[第6章]
福島	正行	盛岡大学	[第7章]
淵上	克義	岡山大学	[第8章]
武井	敦史	静岡大学	[第9章]
藤村	法子	京都華頂大学	[第10章1]
阪梨	學	元京都連合教職大学院	[第10章2]
宮盛	邦友	北海道大学	[第11章]
南部	初世	名古屋大学	[第12章]
笠井	尚	中部大学	[第13章]

（執筆順／＊印は第8巻編者）

まえがき

　学校経営学は教育学の分野のひとつである。主たる関連学会である日本教育経営学会は 1958（昭和 33）年設置された。学校経営を教育学の研究対象とすべきだとされたのには，それなりの理由，状況があった。ひと言で言えば，1956 年に「地方教育行政の組織及び運営に関する法律」がそれまでの教育委員会法を廃止し，新たに制定されたことで，研究者の間に学校の自律性の危機が自覚されたからである。

　教職課程において，また教育学を専攻している学生を対象に学校経営や学校経営学について授業をしていると，学生から経営は企業のものだと考えていたが，教育や学校に経営という行為があることをはじめて知ったとか，学校経営そのものが存在しているとは知らなかったなどを聞く機会が多い。その際，「経営」という行為は人間が生きるうえで不可欠なもので，それなくしては，いい生き方はできない，将来にわたる生活を設計することはできないと話している。個人の場合だけではない。経営は企業などの営利体だけでなく，病院，大学，学校など組織をなして事業を展開しているところでは，それなくして事業を持続，展開することができないと説明している。

　学校経営を学ぶことは，学校づくりの経営実践をその本質，歴史，制度，組織にわたって知ることである。そのことによって学校経営への認識を深め，学校経営のあり方について自分なりの考えをつくり上げることができる。

　このように学校経営を学ぶことでこれまで気がつかなかった教育や学校の様子がわかり，学校における自分の役割，なすべきことを知ることができるようになる。なぜチームが必要であるのか，専門性に立ちながらも，なぜ組織の一員として行動することが大切かも知るようになる。

　学校づくり，つまり学校経営はスクールリーダーだけが担うものではない。スクールリーダーの役割はきわめて重要だが，同時に教職員全員が参加しては

じめて功を奏する。教員の仕事は授業が中心だが，その授業は学校経営という認識と仕事の枠の中で展開される。教職経験を積むことで校内での役割が変化する。授業以外の仕事も増える。そこでは経営の仕事，経営を支えるマネジメントの仕事が期待されるようになる。学校経営について学ぶとは，そうした視野をもつことである。

第8巻編者　小島　弘道

目　次

まえがき

序　教師と教育学 ──────────────── 7

第1章　現代公教育の経営 ──────────── 14

　　1　公教育制度の原理　16
　　2　公教育の実施原則　20
　　3　教育委員会の管理権と学校の自己裁量権（自治）　23
　　4　学校に対する管理権の改革　25

第2章　学校づくりと学校経営 ───────── 29

　　1　学校づくりと学校力の構築　29
　　2　学校づくりと経営　31
　　3　学校の意思形成と運営組織　38
　　4　学校教育の変化と学校経営　42
　　5　学校づくりと現代の学校経営政策　44

第3章　学校づくりと法 ──────────── 46

　　1　学校づくりと法の関係をどうみるか　46
　　2　学校の規範づくりと法──学校の規範法化　49
　　3　学校の組織づくりと法──学校の経営法化　52
　　4　学校の制度づくりと法──学校の私法化　55

第4章　カリキュラムを核にした協働
　　　　――カリキュラム・マネジメントの3つの側面――――――61

1　自前の経営戦略，そのもとのカリキュラム・マネジメント　61
2　カリキュラム・マネジメントの3つの側面　64
3　カリキュラム・マネジメントを機能させる　68

第5章　生徒指導と学校づくり――――――72

1　生徒指導体制　73
2　支援体制　78
3　生徒指導上の困難が改善した事例　83

第6章　学級・ホームルーム経営――――――89

1　「学級」の歴史　90
2　学級の特質――学習集団としての学級，生活集団としての学級　92
3　学級経営の理論と実際　94
4　学級経営と学級担任　98

第7章　少人数教育と学校経営――――――104

1　少人数教育の視点　104
2　学級編制・教職員定数制度の特徴と実態　104
3　少人数教育と教授学習組織改革　110
4　少人数教育の今日的課題と課題への対処　116

第8章　教師のメンタルヘルス――――――121

1　学校組織における教師のストレス　121
2　学校経営における機能的な教育相談システム構築　126
3　管理職のストレス　133

第9章 学校の危機管理 ―――――――――――――――――― 140

1 学校の「危機管理」とは　140
2 学校安全・不審者への対応　143
3 学校の情報　146
4 不登校　149

第10章 学校運営とミドルリーダー ―――――――――――――― 155

1 いまこそ，ミドルリーダーが求められている！
　――ミドルリーダーの育成：小学校現場からの発信　155
2 ミドルリーダーを生かした中学校・高等学校経営の活性化　164

第11章 子ども参加と学校づくり ――――――――――――――― 174

1 子ども参加と学校づくりの実践研究　174
2 子ども参加と学校づくりの理論研究　181

第12章 学校づくりと保護者・地域住民 ―――――――――――― 186

1 「学校づくり」論の生成　187
2 社会構造の変化と「学校づくり」論　192
3 「学校づくり」論の展開　194

第13章 学校評価と学校づくり ―――――――――――――――― 203

1 学校評価の制度化　203
2 学校評価の方法　206
3 学校づくりに活かす学校評価　212

索　引 ――――――――――――――――――――――――――― 219

序　教師と教育学

1　本シリーズの特徴

　この「教師教育テキストシリーズ」は、教師に必要とされる教職教養・教育学の基本知識を確実に理解することを主眼に、大学の教職課程のテキストとして刊行される。

　編集の基調は、教師教育学（研究）を基礎に、各分野の教育学（教育諸科学）の蓄積・成果を教師教育（養成・採用・研修等）のテキストに生かそうとしたことである。その方針のもとに、各巻の編集責任者が、教育学各分野と教師・教職との関係を論じた論稿を執筆し、また、読者の立場から、全巻を通じて次のような観点を考慮した。

① 教育学テキストとして必要な基本的・体系的知識が修得できる。
② 教育諸科学の研究成果が踏まえられ、その研究関心に応える。
③ 教職の責任・困難・複雑さに応え、専門職性の確立に寄与する。
④ 教職、教育実践にとっての教育学の重要性、有用性が理解できる。
⑤ 事例、トピック、問題など、具体的な実践や事実が述べられる。
⑥ 教育における人間像、人間性・人格の考察を深める。
⑦ 子どもの理解・権利保障、子どもとの関係づくりに役立つ。
⑧ 教職員どうしや保護者・住民などとの連帯・協働・協同が促される。
⑨ 教育実践・研究・改革への意欲、能力が高まる。
⑩ 教育を広い視野（教育と教育条件・制度・政策、地域、社会、国家、世界、人類的課題、歴史、社会や生涯にわたる学習、などとの関係）から考える。

　教育学研究の成果を、教師の実践的指導やその力量形成、教職活動全体にど

う生かすかは，教育学界と教育現場の重要な共同の課題であり，本シリーズは，その試みである。企画の性格上，教育諸学会に属する日本教師教育学会会員が多数，執筆しており，将来，医学界で医学教育マニュアル作成や教材開発も手がける日本医学教育学会に類する活動が同学会・会員に期待されよう。

2 教職の専門職制の確立と教育学

近代以降，学校制度の発達にともない，教師の職業が公的に成立し，専門的資格・免許が必要とされ，公教育の拡大とともに養成期間の長期化・高学歴化がすすみ，近年，「学問の自由」と一体的に教職の「専門職」制の確立が国際的趨勢となっている（1966年，ILO・ユネスコ「教師の地位に関する勧告」6，61項）。その基調のもとに教師の専門性，専門的力量の向上がめざされている。

すなわち，「教育を受ける権利」（教育への権利）（日本国憲法第26条，国際人権A規約第13条（1966年））の実現，「個人の尊厳」に基づく「人格の完成」（教育基本法前文・第1条，前掲規約第13条），「人格の全面的発達」（前掲勧告3項），「子どもの人格，才能並びに精神的及び身体的な能力をその可能な最大限度まで発達させる」（1989年，子どもの権利条約第29条）など，国民全体の奉仕者である教師の重要かつ困難な使命，職責が，教職の専門職制，専門的力量の向上，その学問的基礎の確立を必要としているといえよう。とりわけ，「真理を希求する人間の育成を期する」教育において，真理の探究をめざす「学問の自由」の尊重が根幹とされている（教育基本法前文，第2条）。

今日，21世紀の「知識基盤社会」の展望のもとで，平和・人権・環境・持続的開発などの人類的課題の解決を担う民主的市民の形成のため，生涯学習の一環として，高等教育の機会均等が重視され（1998年，ユネスコ「21世紀に向けた高等教育世界宣言」），各国で「教育最優先」が強調されている。その趨勢のもとで各国の教育改革では教職・学校・自治体の自治と責任が増大し，教師は，教育改革の鍵となる人（key actor）として，学校外でも地域社会の教育活動の調整者（co-ordinator），地域社会の変革の代行者（agent）などの役割が期待されている（1996年，ユネスコ「教師の地位と役割に関する勧告」宣言，前文）。そのよ

うな現代の教職に「ふさわしい学問的・専門的能力を備えた教師を養成し，最も適格の青年を教職に惹きつけるため，教師の教育者のための知的挑戦プログラムの開発・提供」が勧告されている（同1・3・5項）。その課題として，教員養成カリキュラム・授業の改革，年限延長，大学院進学・修学の促進などを基本とする教師の学問的能力の向上方策が重要になろう。

　教職の基礎となる学問の分野は，通常，一般教養，教科の専門教養，教育に関する教職教養に大別され，それらに対応し，大学の教員養成課程では，一般教養科目，専門教育科目，教職科目に区分される。そのうち，教職の専門職制の確立には教職教養，教育学が基礎となるが，各領域について広い学問的知識，学問愛好の精神，真理探究の研究能力，批判的・創造的・共同的思考などの学問的能力が必要とされる。

　教育学とは，教育に関する学問，教育諸科学の総称であり，教育の実践や事実の研究，教育的価値・条理・法則の探究などを課題とし，その成果や方法は，教育の実践や事実の考察の土台，手段として有効に生かすことができる。今日，それは総合的な「教育学」のほか，個別の教育学（○○教育学）に専門分化し多彩に発展し，教職教養の学問的ベースは豊富に蓄積されている。教育研究者は，通常，そのいずれかに立脚して研究活動を行い，その成果の発表，討論，共同・学際的研究，情報交換，交流などの促進のため学会・研究会等が組織されている。現場教師もそこに参加しており，今後，いっそうすすむであろう。教職科目では，教育学の成果を基礎に，教職に焦点化し，教師の資質能力の向上や教職活動との関係が主に論じられる。

　以下，教職教養の基盤である教育学の分野とそれに対応する学会例（全国規模）を挙げ，本シリーズ各巻名を付記する。教職教養のあり方や教育学の分野区分は，「教師と教育学」の重要テーマであるが，ここでは概観にとどめる。

　A．一般的分野
　① 教職の意義・役割＝日本教師教育学会【第2巻・教職論】
　② 教育の本質や理念・目標＝日本教育学会，日本教育哲学会【第1巻・教育学概論】

③ 教育の歴史や思想＝教育史学会，日本教育史学会，西洋教育史学会，教育思想史学会【第3巻・教育史】
④ 発達と学習＝日本教育心理学会，日本発達心理学会【第4巻・教育心理学】
⑤ 教育と社会＝日本教育社会学会，日本社会教育学会，日本生涯学習学会，日本公民館学会，日本図書館学会，全日本博物館学会【第5巻・教育社会学，第6巻・社会教育】
⑥ 教育と行財政・法・制度・政策＝日本教育行政学会，日本教育法学会，日本教育制度学会，日本教育政策学会，日本比較教育学会【第7巻・教育の法と制度】
⑦ 教育と経営＝日本教育経営学会【第8巻・学校経営】
⑧ 教育課程＝日本カリキュラム学会【第9巻・教育課程】
⑨ 教育方法・技術＝日本教育方法学会，日本教育技術学会，日本教育実践学会，日本協同教育学会，教育目標・評価学会，日本教育工学会，日本教育情報学会【第10巻・教育の方法・技術】
⑩ 教科教育法＝日本教科教育学会，各教科別教育学会
⑪ 道徳教育＝日本道徳教育学会，日本道徳教育方法学会【第11巻・道徳教育】
⑫ 教科外活動＝日本特別活動学会【第12巻・特別活動】
⑬ 生活指導＝日本生活指導学会【第13巻・生活指導】
⑭ 教育相談＝日本教育相談学会，日本学校教育相談学会，日本学校心理学会【第14巻・教育相談】
⑮ 進路指導＝日本キャリア教育学会(旧進路指導学会)，日本キャリアデザイン学会
⑯ 教育実習，教職関連活動＝日本教師教育学会【第15巻・教育実習】

B. 個別的分野 (例)
① 国際教育＝日本国際教育学会，日本国際理解教育学会
② 障害児教育＝日本特殊教育学会，日本特別支援教育学会

③ 保育・乳幼児教育＝日本保育学会，日本乳幼児教育学会，日本国際幼児学会
④ 高校教育＝日本高校教育学会
⑤ 高等教育＝日本高等教育学会，大学教育学会
⑥ 健康教育＝日本健康教育学会

　人間は「教育的動物」，「教育が人間をつくる」などといわれるように，教育は，人間の発達，人間社会の基本的いとなみとして，人類の歴史とともに存続してきた。それを理論的考察の対象とする教育学のルーツは，紀元前の教育論に遡ることができるが，学問としての成立を著者・著作にみると，近代科学革命を背景とするコメニウス『大教授学』(1657年) 以降であり，その後のルソー『エミール』(1762年)，ペスタロッチ『ゲルトルート児童教育法』(1801年)，ヘルバルト『一般教育学』(1806年)，デューイ『学校と社会』(1899年)，デュルケーム『教育と社会学』(1922年) などは，とりわけ各国に大きな影響を与えた。

　日本では，明治維新の文明開化，近代的学校制度を定めた「学制」(1872年) を契機に西洋の教育学が移入されたが，戦前，教育と学問の峻別や国家統制のもとでその発展が阻害された。戦後，1945年以降，憲法の「学問の自由」(第23条)，「教育を受ける権利」(第26条) の保障のもとで，教育学の各分野が飛躍的に発展し，教職科目・教養の基盤を形成している。

③ 教員免許制度と教育学

　現行教員免許制度は，教育職員免許法 (1949年) に規定され，教員免許状授与の基準は，国が同法に定め，それに基づき大学が教員養成 (カリキュラム編成とそれに基づく授業) を行い，都道府県が免許状を授与する。同法は，「この法律は，教育職員の免許に関する基準を定め，教職員の資質の保持と向上を図ることを目的とする」(第1条) と規定している。

　その立法者意思は，学問の修得を基礎とする教職の専門職制の確立であり，現行制度を貫く基本原理となっている。たとえば，当時の文部省教職員養成課長として同法案の作成に当たった玖村敏雄は，その著書で次のように述べてい

「専門職としての医師がこの医学を修めなければならないように，教育という仕事のために教育に関係ある学問が十分に発達し，この学問的基礎に立って人間の育成という重要な仕事にたずさわる専門職がなければならない。人命が尊いから医師の職業が専門職になって来た。人間の育成ということもそれに劣らず貴い仕事であるから教員も専門職とならなければならない。」「免許状」制は「専門職制の確立」をめざすものである（『教育職員免許法同法施行法解説』学芸図書，1949年6月）。

「大学において一般教養，専門教養及び教職教養の一定単位を履修したものでなければ教職員たるの免許状を与えないが，特に教育を専門職たらしめるものは教職教養である。」（「教職論」『教育科学』同学社，1949年8月）。

現行（2008年改正）の教育職員免許法（第5条別表）は，免許基準として，「大学において修得することを必要とする最低単位数」を定め，その構成は，専門教養に相当する「教科に関する科目」，教職教養に相当する**「教職に関する科目」**及び両者を含む「教科又は教職に関する科目」である。教諭一種免許状（学部4年制）の場合，小学校8，41，10，計59単位，中学校20，31，8，計59単位，高校20，23，16，計59単位である。1単位は45学修時間（講義・演習は15～30時間），1年間の授業期間は35週，学部卒業単位は124単位と定められている（大学設置基準）。

同法施行規則（第6条付表）は，各科目の修得方法を規定し，「教職に関する科目」の場合，各欄の科目の単位数と「各科目に含めることが必要な事項」が規定されている。教諭一種免許状の場合，次の通りである。

第2欄「教職の意義等に関する科目」（「必要な事項」；教職の意義及び教員の役割，教員の職務内容，進路選択の機会提供）＝各校種共通2単位

第3欄「教育の基礎理論に関する科目」（同；教育の理念と歴史・思想，学習と発達，教育の社会的・制度的・経営的事項）＝各校種共通6単位

第4欄「教育課程及び指導法に関する科目」（同；教育課程，各教科・道徳・特別活動の指導法，教育の方法・技術〔情報機器・教材活用を含む〕）＝小学校22単位，

中学校12単位，高校6単位

　第4欄「生徒指導，教育相談及び進路指導等に関する科目」(同；生徒指導，教育相談，進路指導)＝各校種共通4単位

　第5欄「教育実習」＝小学校・中学校各5単位，高校3単位

　第6欄「教職実践演習」＝各校種共通2単位

　現行法は，1988年改正以来，各教職科目に相当する教育学の学問分野を規定していないが，欄ごとの「各科目に含めることが必要な事項」に内容が示され，教育学の各分野(教育諸科学)との関連が想定されている。

　1988年改正以前は，それが法令(施行規則)に規定されていた。すなわち，1949年制定時は，必修科目として，教育心理学，児童心理学(又は青年心理学)，教育原理(教育課程，教育方法・指導を含む)，教育実習，それ「以外」の科目として，教育哲学，教育史，教育社会学，教育行政学，教育統計学，図書館学，「その他大学の適宜加える教職に関する専門科目」，1954年改正では，必修科目として，同前科目のほか，教材研究，教科教育法が加わり，それ「以外」に前掲科目に加え，教育関係法規，教育財政学，教育評価，教科心理学，学校教育の指導及び管理，学校保健，学校建築，社会教育，視聴覚教育，職業指導，1959年改正で必修科目として，前掲のほか道徳教育の研究が，それぞれ規定されていた。各時期の教職科目と教育学各分野との法的な関連を確かめることができよう。

　教員養成・免許の基準設定やその内容・程度の法定は，重要な研究テーマである。その視点として，教職の役割との関連，教職の専門職制の志向，教育に関する学問の発展との対応，「大学における教員養成」の責任・目的意識・自主性や「学問の自由」の尊重，条件整備などが重要であり，時代の進展に応じて改善されなければならない。

教師教育テキストシリーズ編集代表

三輪　定宣

第1章　現代公教育の経営

　カントは，「人間が発見したものの中で，統治の術 (the art of government) と教育の術 (the art of education) ほど難しいものはない。人は今でもその真の意味についてもがいている」と言い，また，「われわれは所与の環境に支配されて，計画や熟慮なしでも教育できるが，理論の助けを得ればさらにきちんと教育できる」と述べている[1]。

　社会がますます複雑化し，国際化するにつれて，教育の仕組みも教育の内容・方法も変わる。しかし，人間がゆっくりと成長し，社会のなかで自分の心と身体をつくり上げていくことには変わりがない。現代社会で，そのプロセスに大きな影響力をもっているのが社会制度としての公教育である。

教育の公共性

　教育の概念を広くとれば，それは「一人一人の子どもの成長・発達」と「社会の意識的再生産」と表現できる。子どもをどのように育てるかは親の権利であって，その意味での教育の自由は人権の一部であり，一人ひとりの親の私事に属する。しかしながら，健康な母体の維持や安定した家庭づくり，さらに子どもの社会化や文化化という事実を見れば，それ自体が社会のなかで行われる営みであり，社会の構成員が参加している事業であることがわかる。

　社会の近代化（産業化，都市化，機械化，民主化という社会構造の転換）のなかで，共同体が分解し，その結果，近代家族のもとで個々の親の子育て・教育という現象が支配的になってきたが，そのあり様や物的精神的基礎を見れば，子どもの教育は個々の親だけの事業ではない。親とともに，地域社会や全国民規模の団体や諸個人との共同の事業と見るのが正しい。これが教育の社会的公共性の原意である。

このなかには，私事の組織化・共同化という側面と社会・国家の必要に応ずる公共的事業という2つの側面が存在する。これを教育の主体に即していえば，教育は個々の親とともに国民全体の事業であり，何か単独の団体・個人が占有するものではないといえよう。したがって問題は全国民規模の団体，このなかでは国家が主導的地位を占めるが，しかし国家だけではなく，地方団体，親および教育の専門職をどのように組織し，相互の権限関係を調整して，子どもの全体としての成長や発達，福祉や保護をつくり出していくかということが問題となる。

　これまで公教育とは，国民が自ら行うことのできなくなった教育の一部を委託された政府が主体となって行う学校教育をさすものと理解されてきた。学校を設置できる者は，国，地方公共団体及び私立学校法第3条に規定する学校法人のみであるからである（学校教育法第2条）。

　このように，これまで教育の公共性（パブリックネス）はまずもって，教育の政府主導性（ガバメンタリズム）として集中的に表現されてきた。たしかに国民の教育に関して積極的関心を払わない国家はそれ自体としての資格を失いかねない国家でもある。

　しかしながら，教育は私事の延長という側面をもち，親や国民がその内容や方法の決定に参加し，直接に支えるという側面をもつ。このような意味での親や国民の関心が欠落すれば，政府主導の公教育もまたその効力を失う。この矛盾はどのようにして解決されるのだろうか。この問題を実践的に解釈すれば，公教育をめぐる国家の政府と親・国民・専門職教師のどのような関係が公教育の安定的な発展を保障するのかという問題となる。

公教育の意義と目的

　公教育あるいは公教育制度とは「国・地方公共団体のような公権力主体の管理により，国民一般およびそれぞれの地方住民に提供される教育をいう」とされ，私立学校も，それが公共の目的に奉仕することが期待され，公法に基づき，公的機関の管理のもとに維持される教育機関である場合には，公教育またはそれに準ずるものとされる[2]。

これらの学校等が担う公共性については，主体説と事業説がある。すなわち，教育基本法第6条にある「公の性質」の根拠について，学校の設置者が国などのような公共的性質をもつことによると考える教育事業主体説と，学校教育の活動が公の性質をもつことによるとする教育事業説である。後者が多数説であり，私立学校を含めてそこで展開される教育の質や内容が公共的なものでなければならないという考え方に基づく。

　現代福祉国家においては，国民の教育の権利に対応して国家の政府には教育保障の義務があるが，それは必ずしも公教育制度の確立をもって終わるのではない。社会公共の教育と見た場合，設置主体の如何を問わず，その教育活動が社会的公共的であることを国家の政府は法的，財政的に担保しなければならない。したがって，学校教育としての私教育・公教育の区分は相対的である。

1　公教育制度の原理

　一般に公教育制度（Public School System）は，国民教育制度（National Education System）とか，義務教育制度（Compulsory School System）と呼ばれる。その原理は①国民の教育への権利の保障，②国家による教育保障，③親の就学させる義務，④地方公共団体の学校設置義務，⑤義務教育の無償から成り立つ。それぞれについて簡単に見ることにしたい。

1　教育への権利（基本的人権としての国民の権利 right to education）保障

　日本国憲法第26条は，「すべて国民は，法律の定めるところにより，その能力に応じて，ひとしく教育を受ける権利を有する」と規定している。「すべて国民」とは教育を受ける権利の主体であることを示す。ここで，「国民」とは，「日本国籍を有するもの」であるが，この場合「日本国民」のみに限られるかについては議論がある。「国民のみを対象としているのであって，外国人は本条の規律するところではない」（法学協会編『註解日本国憲法』）という考え方が支配的であるが，日本国内に居住する外国人を含めることを考慮する必要がある(3)。

「法律の定めるところにより」とは，法の支配(法規主義 rule of law)の規定である。戦前日本の「勅令主義」に替わる法律主義の規定であることには異論がない。

奥平康弘は，教育を受ける権利は教育というものの本質に照らし，教育の自由をはじめとした憲法により保障されるべき部分と，政策考慮を反映した法律によってはじめて具体化される部分との，2つの部分をもつとして次のように指摘している[4]。その能力に応じて，ひとしくとは，教育を受ける権利の範囲を制限するものと解してはならない。能力がない者と何らかの方法で判定された者は，教育を受ける権利を奪われても良いという意味ではない。その者に適合的な性質の教育を受ける権利が保障されなければならないという意味である。従って意味上は，発達の必要に応じてである。

教育基本法第4条の「すべて国民は，ひとしく，その能力に応じた教育を受ける機会を与えられなければならず，人種，信条，性別，社会的身分，経済的地位又は門地によって，教育上差別されない」はこの趣旨である。

2　国家による教育保障

教育を受ける権利は，国によって教育の条件整備や機会保障が積極的に配慮されることによりはじめて充足されるところの請求権的な権利である。つまり，社会権，現代人権のカテゴリーに入る。ここでも以下のような3説がある。以下，奥平康弘の整理を要約する[5]。

① 生存権説——憲法第25条でいう生存権の文化的な側面をいうと解する。教育の経済負担にもっぱら着目していうものである。

② 主権者教育説——現在及び将来の主権者たる国民が，一定の政治的能力を具えて，民主主義政治を十全に運用することを可能ならしめるために保障されていると解する。国民教育は国民主権の不可欠の装置であると理解する。

③ 学習権説——すべて国民は，とりわけ子どもは，生まれながらにして教育を受け，学習することにより人間的に成長し発達する権利が与えられて

いる。このような学習する権利を充足するために，国はそれを満足させるような条件を整備し，学習に値するような教育内容を提供する必要がある。教育を受ける権利は，このようなサービスを国に要求する性質の権利である，と説く。

判例では，「憲法がこのように国民ことに子供に教育を受ける権利を保障するゆえんのものは，民主主義国家が一人一人の自覚的な国民の存在を前提とするものであり，また，教育が次代を担う新しい世代を育成するという国民全体の関心事であることにもよるが，同時に，教育が何よりも子供自らの要求する権利であるからだと考えられる」（東京地裁判決，1970年）とされ，学習権の考え方が支持されている。

最高裁の，いわゆる学テ判決（1976年）も同様である。

「この規定（憲法26条）の背後には，国民各自が，一個の人間として，また，一市民として，成長，発達し，自己の人格を完成，実現するために必要な学習をする固有の権利を有すること，特に，自ら学習することのできない子供は，その学習要求を充足するための教育を自己に施すことを大人一般に対して要求する権利を有するとの観念が存在していると考えられる。換言すれば，子供の教育は，教育を施す者の支配的権能ではなく，何よりもまず，子供の学習をする権利に対応し，その充足をはかりうる立場にある者の責務に属するものとしてとらえられているのである。」

3　親の就学させる義務と年限・年齢

日本国憲法第26条2項では，「すべて国民は，法律の定めるところにより，その保護する子女に普通教育を受けさせる義務を負う。義務教育は，これを無償とする。」とされている。これに基づいて，改正教育基本法第5条では，国民に対して，「その保護する子に普通教育を受けさせる義務を負う」ものとし，その年数等は別に法律で定めるとしている。学校教育法第17条は，保護者に対してその子を満6歳から満12歳まで小学校に，その修了後満15歳まで中学校に就学させる義務を負わせている。小学校は6年，中学校は3年と同じく学

校教育法（第32条，第47条）で定めている。

4　地方公共団体の学校設置義務

地方公共団体は小学校及び中学校を設置する義務を負う。この設置義務は憲法第26条（教育への権利），教育基本法（第4条　教育の機会均等，第5条　義務教育，第6条　学校の公共性）を承けて，小学校については学校教育法第38条で定められている。同条で，「市町村は，その区域内にある学齢児童を就学させるために必要な小学校を設置しなければならない」とされ，同第49条（準用規定）で第38条の「小学校」を「中学校」に読み替えるとしている。

さらに，特別支援学校の設置義務は，同法第80条において，「都道府県は，その区域内にある学齢児童及び学齢生徒のうち，視覚障害者，聴覚障害者，知的障害者，肢体不自由者又は病弱者で，その障害が，第75条の政令で定める程度のものを就学させるに必要な特別支援学校を設置しなければならない」とし，第75条においては，「第72条に規定する視覚障害者，聴覚障害者，知的障害者，肢体不自由者又は病弱者の障害の故障の程度は，政令で定める」としている。

学校を設置する際には，「学校の種類に応じ，文部科学大臣の定める設備，編制その他に関する設置基準に従い，これを設置しなければならない」（学校教育法第3条）。このように設置とは，学校教育法第3条に規定する行為であり，「ある施設又は制度を法律上の存在として設ける行為」をいう。

設置基準とは，小学校設置基準（平成14年文部科学省令），中学校設置基準（同），高等学校設置基準（昭和23年），幼稚園設置基準（昭和31年），専修学校設置基準（昭和51年），大学設置基準（昭和31年）であり，いずれも設置認可基準であるが，公立の小中学校の場合は認可機関が存在しない（学校教育法第4条）。

学校が学校として設置されるためには，学校の内部編制（目的・目標，教育課程，教育組織，管理運営組織，財務）のみならず，地域社会との関係，行政組織との関係が明定されていなければならない。日本では設置認可（チャータリング）と認証評価（アグレディテーション）が未分化であるといわれ，現在それぞれの独立した仕組みが確立されつつある（学校評価，認証評価等）。

5 義務教育の無償

 教育基本法第5条において,「国又は地方公共団体の設置する学校における義務教育については,授業料を徴収しない」とされており,学校教育法では第6条で国・公立の義務教育諸学校の授業料不徴収を定め,第19条で,経済的理由によって就学困難と認められる学齢児童またはその保護者に対する必要な援助を市町村に義務づけている。

 無償教育を free education と呼ぶが,この free とは授業料無償(tuition-free)の意味である。教育の個々の受益者はとりあえずは各個人と表象され,その経費は各個人が負担する。しかしながら,厳密に考えれば,社会全体も広義の教育成果の受益者である(教育の外部利益論)から,個々の受益者による応益原則に基づく受益者負担主義ではなく,社会の構成員がその能力(資産)に応じて負担するのである(応能原則)。いわば個々人が負担する代わりに集団(国民全体)が負担するのである。それを目的税(教育税)として徴収するのか,一般税として徴収してから配分するかは各国で異なる。日本では一般税(一般公費)として徴収され,この中から教育費として配分されている。

2 公教育の実施原則

 どのような教育でもただ受けさえすればよいというものではない。国民が受ける教育の内容(質)とそのような教育機会が公正・平等に配分されなければならない。

1 教育の質における公正の確保

 日本国憲法は教育の自由を全面的に保障している。国家はこの意味での教育の自由を制限してはならない。教育活動は,優れて精神的・文化的な営みであるから,憲法は第11条(基本的人権の享有),第13条(個人の尊重,幸福追求権,公共の福祉),第14条(法の下の平等),第18条(奴隷的拘束,苦役からの自由),第19条(思想・良心の自由),第20条(信教の自由),第21条(集会・結社・表現の自由,検閲の禁止,通信の秘密),第23条(学問の自由)で保障する基本的人権(一般に市

民的自由権と呼ばれる) のカタログの並びから見て, 教育の自由は「憲法的自由」(憲法内在的に暗黙のうちに認められている権利) とする説もあるくらいである。

　教育基本法では, 第1条(教育の目的)で公教育が目指すべき質を定め, それを確保するためにその他の規定で国家の作為義務及び不作為義務を定めている。すなわち, 第1条では教育が「人格の完成」を目的とすること, 第2条では公教育は「学問の自由を尊重すること」をうたっている。

　国家が国民の内心に干渉してはならないという一般論でもって, 国家の教育活動への関与は, 教育の外的条件に止まるべきだという考えがある。この考え方に立てば, 教育基本法の教育目的や教育の目標の規定はあってはならず, あったとしても訓示規定にすぎないということになる。

　これに対して, 教育は国家(存立)のための百年の計だから, 国家が責任をもって教育内容の標準(ミニマム・スタンダード)を定めるべきだという考え方がある。未来の国民がどうあるべきかを示せない国家は, それが民主主義の国家であればあるほど未来の国民のあり方に関心をもち, その内容を規制しなければならないと考える立場である。国家の関与が公正であるかどうかは次の2つの原則に忠実であるかどうかによって決まる[6]。

2　教育における非差別・非抑圧の国家による保障

　「教育の目的が人格の完成でなければならない」とは, 現代日本で, 社会規範になっているだろうか。日本国民の慣習・道徳・法などの社会規範において, 確固たる地位を確立しているだろうか。一人ひとりの人格ではなく, 国家のための国民(戦前の日本ではこれを臣民と称した)の形成が教育, とりわけ公教育の目的であるとする考え方も根強いのではないだろうか(国民形成のための公教育＝国民教育)。

　しかもそのような公教育観は, 政府自身によって権力の力で進められてきた。このような日本国家の公教育観は国家自身の力によって否定しなければならなかった。それが教育基本法の教育目的の規定の意義である。

　これを一般的に概念化すれば, 教育が人格の完成にあることを大前提として,

公教育を組織する際にそれが国民一人ひとりを差別したり、抑圧したりすることがないように担保しなければならないということになる。これをさらに積極的に表現すれば、教育における差別の禁止と教育機会の平等保障（均等）ということになる。

3　教育における差別の禁止

政治における価値は法の支配・人間の権利の平等であり、経済における価値は利潤であるが、最終的にはそのいずれも人類の幸福に結びつくとしても、教育における価値とは異なる。教育の価値は、人間的な文化（成長や心の解放）と結びつき、それ自体が幸福の一部である。

偏見や教条から解放された自由な雰囲気のなかで（近年はこれを批判的思考という）知識の習得や知的操作の訓練は進む。また権威に従属したモラルではなく、自他の協力による民主的人間関係のなかで、社会性・人間性の感得などが進む。これは教える者と教えられる者との間の協同で成り立つ。これが一般にいう「教育の自由」であり、その内実は自主性と自律性である。

4　教育機会の平等保障

公教育の平等とは、すべての者がその潜在可能性を最大限に発揮させることでも、同じような能力を身につけるという教育結果の平等でもない。それらは公教育によっては統御不可能である。公教育はすべての国民（未来の国民）が共通に必要とされる最低限度の能力を身につけ、主権者国民として政治や生活の主体になることである。

そのために公教育が未熟な国民を一人前の主権者国民にするために用意される。子どもが成人と同じ（市民的権利主体）であれば、教育（そして公教育）の必要はない。子どもが主権者国民として一人前になるまでは、その権利を制限して教育しなければならない。

権利の制限は一般に支配と表現される。教育における支配の目的はいずれ支配者にならせることであるから、ここに内的矛盾がある。このような矛盾はど

のようにして解決されるだろうか。それは，教える者と学ぶ者との協働関係を構築する以外にはない。それは，教育文化の遺産を土台にしながら，教える者と学ぶ者との間の相互責任と相互義務の関係をつくり上げることでなければならない。

これが教育におけるアカウンタビリティである。それは単に結果責任や説明責任で終わるものではない。学問や知識・技能の分かち伝えと協働の探求という文化的教育的営みの中で織りなす人格的関係の質を維持・発展させる相互の責任である。このような教育機会は，学習者の意欲と能力が啓発され，教育者の文化や倫理性が向上し，そして広くは社会の経済的文化的基礎が豊かに展開されて初めて効果が上がる。この質を決めるのが次項に述べる公教育のガバナンスである。

5　公教育のガバナンス

設置主体の如何を問わず，また経費の負担割合の軽重を問わず，公共的に組織される学校教育に関して，なんらかの公的統制・管理が必要であるとする考え方は，民主的教育行政の原則的理念である。教育の営みが共同的にならざるをえず，それは文字通り社会公共の主要な関与事項であると同時にその根本利益であるとする考え方（教育の公共性の理念）は近代以降の発想である。いわゆる私教育といえどもこの範疇からはずれることはできない。

③　教育委員会の管理権と学校の自己裁量権（自治）

学校は設置者である教育委員会が所管する（地方教育行政法第32条）のであるから，当該教育委員会はその所管する学校の管理責任を負う。所管とは，行政事務等の管轄権の帰属の関係を表す用語であって，「ある行政事務を管轄しているところの」または「その管轄に属しているところの」という意味である（法令用語事典）。

地方教育行政法第33条は教育委員会の学校等に対する管理権（設置者管理主義）を前提に，「教育委員会は，法令又は条例に違反しない限度において，そ

の所管に属する学校その他の教育機関の施設, 設備, 組織編制, 教育課程, 教材の取扱その他学校その他の教育機関の管理運営の基本的事項について, 必要な教育委員会規則を定めるものとする」と規定している。

この意味は,「教育機関と管理機関との関係を明確にし, その管理運営を円滑, 適切ならしめようというとすること」である(7)。ここからただちに2つの問題が生じる。教育委員会が所管するのは学校の教育活動全体なのかそれとも学校の維持・管理の側面に限られるのかという問題である。第33条の文言からは前者のような解釈はできそうにもないと思われるだろうが, 単純ではない。

そこでこの問題を原理的に検討しよう。その第1は, 団体自治を構成する住民の学校管理運営への参加の権利である。地方自治法第244条では, 普通地方公共団体は,「住民の福祉を」増進する目的をもってその利用に供するための施設(これを「公の施設」という)を設けるものとするとある。その際, 普通地方公共団体は,「正当な理由がない限り, 住民が公の施設を利用することを拒んではならず」(第2項), さらに住民が公の施設を利用することについて,「不当な差別的取り扱い」をしてはならない(同条第3項)としている。

そして公の施設の設置及びその管理に関する事項は,「条例でこれを定めなければならない」(同法第244条の2)としているが,「法律又はこれに基づく政令で特別の定めがあるものを除く」(同上)となっている。

この除外規定により, 学校の管理運営は条例事項から外されている。学校教育法が市町村に学校の設置を義務づけているからである。法治主義の建前からすれば, 市町村の学校の管理には, 住民の意思が反映され, その統制が及ぶ条例で定めるのが望ましくもあり, また必要である。親も住民も前もって学校の管理運営に意見を出し, 自分たちの集合的意思を反映できるからである。

第2には, 学校が教育機関であるという事実から当然に求められる自律的裁量がどこまで認められるかである。そもそも管理・監督機関と教育機関が一体であるならば先に引用した教育行政法第33条は必要がない。アメリカ合衆国のように学校行政官を配置し, 教育活動と管理運営活動を分離すればよい。ところがそのアメリカでも学校を基礎単位として管理運営と教育活動を統合的に

進めようという改革が進んでいる。

　現行の日本の学校法制でも，学校は教育課程を編成し，評価を行い，情報を積極的に提供するよう規定されている。学校が一定の責任を持ち，自律的に運営されなければ教育効果は上がらない。

　歴史的にいえば，大学は，設置者（文部科学大臣あるいは理事会）の管理権に服するが，同時に大学の自治として，大幅な自己裁量権が認められている。自治の内容は，人事・運営・施設の全般にわたる。

　それ以外の学校は設置者の監督権のほかに管理運営権が認められてきた。しかし，はたして一般行政機関と同様に上意下達的な管理運営が学校にとってふさわしいのだろうか。

　第3の問題は，専門職者としての教員の参加権である。教育機関の自覚的な構成員として教員は教育課程，生徒指導，学校の運営管理等の計画・実施・評価に参加している。自律的な専門職として教員はこれらへの参加的決定がなければ責任を負えず，また自己の能力の向上も期待できない。

　第4には，学校の児童・生徒の参加である。すでに述べた教える者と学ぶ者との関係は，学習活動を内実とする教育的な関係であるが，人格的従属関係ではない。子どもの権利を中心にその能力や人格権を保障・充実させていく教育的発達的環境が求められる。

　以上述べたように，親・地域住民，学校，教師，子どもの教育的関係の中で教育機関としての学校の自律性が確立されよう。これが開かれた学校の原意である。

4　学校に対する管理権の改革

　伝統的学校観・教育行政観においては，学校に対する行政機関の支配力は「特別権力関係論」で説明されてきた。学校における教職員・子どもへの支配力は，その性質上，学校内だけではなく学校外にも及ぶ。このような学校における支配力を正当化する最大の法理論が「営造物理論」を根拠にした「特別権力関係論」であった。

地方自治法で，学校は「公の施設」と呼ばれ，かつてのような「営造物」という用語は使われていない。しかし，名称が変わっただけで「営造物」概念は生きており，それに基づく「特別権力関係論」は生きている。これが学校における教職員及び子どもの人権の全面的保障を阻害している行政的要因である。

営造物とは，国又は公共団体により特定の公共の目的に供される人的物的施設の統一体であり，公の営造物ともいう。その管理権限は「行政主体が営造物の管理主体としての立場において，営造物本来の目的を達成するために行う公の機能」とされ，営造物規則の制定権，利用者等に対する命令権，懲戒権等が入るとされる。

特別権力関係とは，一般権力（統治）関係が行政主体と国民との間の一般的関係（法の支配，人権の保障等）であるのとは異なり，文字通り「特別に強められた権力関係」をさす。すなわち「特別の法律上の原因（法律の期待または当事者の同意）に基づき，公法上の特定の目的に必要な限りにおいて，包括的に当事者の一方が他方を支配し，他方がこれに服従しなければならないことを内容とする二主体間の関係」とされる。営造物に勤務する人々およびこれを利用する人々はすべてこの特別権力関係に組み込まれる。営造物での勤務・利用関係であるからである。

この下では，法律の規定または当事者の合意から合理的に推測できる範囲内においては，法治主義の原理の妥当性が排除され，個々の法律の規定に基づかずに，一方が他方に対して，その包括的な支配権の発動として命令・強制することができ，その関係内の秩序を維持するために懲戒できる等の権能をもつとされる。

戦後における公務員制度の改革により，公務員は「全体の奉仕者」とされ，公務労働の担い手として，その労働基本権が原則として認められた。戦前の「天皇の官吏」のような国権の行使者ではない。戦後改革以降の公務員は，国家権力を直接行使する一部の公務員を除き，社会の公共的社会サービスの担い手である。とりわけ教育公務員はこれに属する。公務員法（国家及び地方）は，職務の範囲として，「法律，命令，規則又は指令による職務を担当する以外の義務

を負わない」(国公法第105条)とある。

このように，公務員の勤務関係は公務員法で説明されるのに対し，児童生徒の在学関係は依然として特別権力関係論で説明されてきた。すなわち，国公立学校への在学関係を「倫理的性質を持つ『営造物の利用関係』として公法上の特別権力関係」と解するのである。

これに対し，在学関係を非権力的な在学契約関係ととらえ，そこでは生徒等(またはその法定保護者)と学校設置者間には対等な権利義務関係が存在すること，さらに子ども・生徒の学習権を保障する学校教育はもはや「教育を施す者の支配的権能ではなく，教育実施活動は非権力的活動」であること，したがって学校当局に認められる一定範囲における教育上の包括的決定権能も生徒や保護者の基本的な同意に基づく各学校の教育自治的権能であるとされている[8]。

このように学校は，人権・権利論からみれば，もはやかつての包括的な支配力はもたない。むしろ社会に開かれた教育自治の内部関係として，在学関係は再構成されなければならない。　　　　　　　　　　　　　　　【神山　正弘】

注
（1）I. カント『教育学講義』(世界教育学選集)明治図書，1976年，12頁。
（2）教育思想史学会編『教育思想史事典』勁草書房，2000年。
（3）奥平康弘「教育を受ける権利」芦辺信喜編『憲法』Ⅲ(人権2)第7編第2章参照，有斐閣，1981年。
（4）同上　372～373頁。
（5）同上　382～383頁。
（6）A. ガットマン『民主教育論』(神山正弘訳)同時代社，2004年。
（7）木田宏『教育行政法・新版』良書普及会，1983年。
（8）兼子仁『教育法・新版』有斐閣，1963年，400頁。

考えてみよう
1．教育の公共性に着目すれば，それは社会全体の公共事項であると同時に国家の政府が責任を負う事項でもある。地域社会や専門職教師とともに親や住民もともに責任を負わなければならない。この関係をどのような形で取り結ぶことができるだろうか。教育におけるアカウンタビリティや親の選択，民営化などはどのような原理で行われているのだろうか。

2．開かれた学校づくりの実践が広がりつつある。そのためには旧来の学校管理や学校運営の制度や慣行を見直す必要が生まれる。学校への期待感，教師と生徒の関係を教育的に組み替えるためにはどうしたよいのだろうか。
3．教育は国家百年の大計といわれるが，その場合の教育の目的とは国民の形成と人格の形成とのいずれに力点がおかれているのだろうか。
4．最近,「公設民営」「民営化」「教育特区」「地域運営学校」「株式会社参入」等の名目のもとに，管理と維持の分離または管理そのものの民営化の論議が進んでいる。これは需要者側（デマンド・サイド）における選択の自由に対応して，供給者側（サプライ・サイド）の自由化をはかり,「競争による質の向上」をはかろうとする発想である。はたしてそれによって教育要求は豊かに充足できるのだろうか。また管理と維持は本当に分離できるのだろうか，管理そのものの民営化は公教育の解体にならないのだろうか。

参考文献
黒崎勲『教育行政学』岩波書店　1999年
平原春好『教育行政学』東京大学出版会　1993年
堀尾輝久『教育を拓く』青木書店　2005年
エイミー・ガットマン，神山正弘訳『民主教育論』同時代社　2004年
リチャード・エルモア，神山正弘訳『現代アメリカの学校改革』同時代社　2006年

第2章　学校づくりと学校経営

1　学校づくりと学校力の構築

　学校づくりは「学校の総合力」の設計であり，その実現である。経営はそのための働きである。そしてそのめざすところは"いい学校"づくりである。
　学校力を構成する要素は，各学校が抱える問題や課題，また各学校がめざす教育の方針や戦略によってさまざまに描かれるが，共通項となる要素として，とりあえず教育（学力），指導力，安心・安全，経営力，保護者等との連携とした。中教審答申では学校力を「学校の教育力」としているが，概念として未成熟である。
　学校力は次のように定義することができる。

　　あの学校はいい学校だと言う場合，学力（教育），指導力，安全・安心，保護者等との関係，経営力それぞれの質が高い学校を指して言うのだと考えられる。施設設備をあげてもよい。学校力とは，これらの質にかかわる概念で，学校を構成しているさまざまな要素や活動が作用して，いい学校だと思わせている活動や力の総体である。日本ではこれまで学校力という概念で学校を語り，学校経営一学校づくりの目的として学校力を高めることだとする認識はなかった。学校力の概念を用いて学校経営や学校評価を見ていくと，これまで見えなかったり，気がつかなかったりするものが見えるようになる，また明らかになるというメリットのほか，学校に今何が足りないか，何が必要か，そしてどうすればいい学校をつくることができるかについて直感することが可能になる。

　　学校力は，上にあげた学校力を構成する質が一定のバランスをなして個

性，特色，魅力，そして独自性をかたちづくっている姿であり，そのことによって学校力を判断，検証することが重要である。学校力は格差やランクの話ではなく，それはすぐれて学校の独自性の問題であり，その形成，充実，発展に向け，各学校が特色ある学校づくりに努力する経営の問題として認識されるべきだと思われる。

　また学校力は構成要素個別の改善にとどまらず，それら全体が構造的に織りなして総合性をはぐくみ，総合力として受けとめられているイメージである。その意味で学校力とは学校の総合力である。

今わが国では，PISAの学力調査で日本の学力低下が著しいから，それ学力向上だ，全国学力調査だなどと，時に常軌を逸した言説が飛び交っている。はたしてそれでいいのか。"いい学校"とは，いい教育が行われ，子どもが学びへの強い意欲をもち，学習力が高く，充実感や達成感のある学校生活を子どもが味わい，実感を生み出している学校である。そのために教師の授業力や生徒指導力など指導力が高く，子どもたちを大切にする面倒見のいい教師がいるなど，個人としても集団としても教師力が高い学校である。安心・安全も"いい

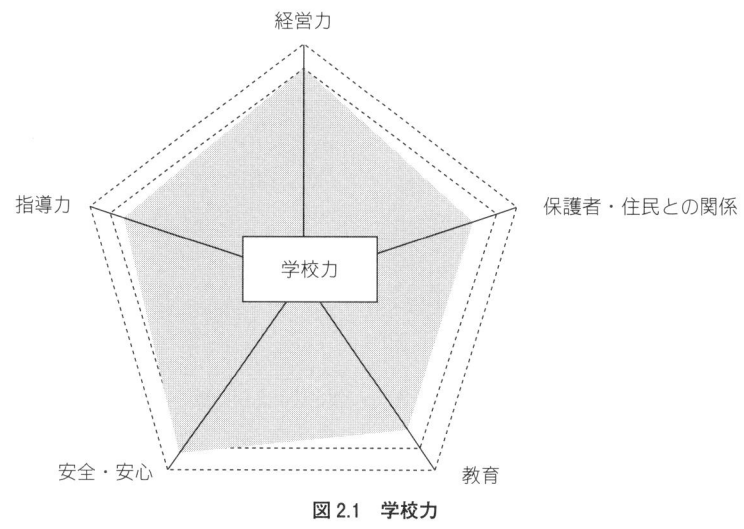

図2.1　学校力

学校"の条件だ。また保護者等の教育意思を大切にし、その意思を学校経営や運営に反映させ、保護者等から支持と信頼を得ている学校となっているかも大切な要素で、"いい学校"の条件である。学校の伝統や文化も同様である。

　これらの要素や条件を充実させ、質的に高める役割を担うのは校長などスクールリーダーだろう。スクールリーダーの経営の質、経営力が学校力を高め、充実させるために決定的に重要な条件である。学校を活性化するためには、"いい学校"の条件としての学校力をその時々の、また短中期の学校づくりのプロセスを検証、評価し、次なる学校づくりのアクションにつなげることが重要になる。こうした検証力、評価力こそ、スクールリーダーの力量である。

　学校の総合力としての学校力をどう高め、充実させるか、それによって保護者等からの信頼をどう構築するかは、ひとつひとつの経営活動を点検、検証しつつ、学校の総合力の構築に向けて人と組織を生かすことが重要である。

2　学校づくりと経営

1　「経営」の思想

　わたしたちは日頃、経営という用語や言葉を聞いたり、使ったりしている。しかし、いざ経営とは何かとたずねられれば、それに答えることは結構やっかいで、容易ではない。常識的な理解を得るために『大辞林』で「経営」をひもとくと、「方針を定め、組織を整えて、目的を達成するよう持続的に事を行うこと」と説明している。

　経営は、利潤を目的とする企業という営利事業体における活動として考えられてきた。とくに資本制経済が展開された近代社会にあって経営という機能が重要なはたらきをもつようになり、経営への関心が強まった。そのため経営といえば、企業経営だと理解されてきた。しかしながら現在、経営の機能は、ひとり企業において見られる現象ではない。組織をなして事業を行っているところであれば、どこにでも見られる現象、機能である。つまり、病院、宗教団体、行政機関、労働組合などの非営利事業体にも経営の機能は不可欠である。学校、大学、研究機関も経営体であることはいうまでもない。

経営は，本質的には，人（集団，組織）が描いている夢や理想があって，それを実現する意欲と行動だといえる。経営の神様といわれた故松下幸之助は，経営は芸術だと言った。企業活動を芸術性まで高めることは私の経営哲学だとも言っている。経営は技術でないことは確かである。それは経験的知識や直感に基づいてなされはするが，科学的知識に立って行うことが，より実り多い成果と効果をもたらすものであることは現代の経営学が示すところである。と同時に経営は，芸術でもある。夢，理想，美意識が経営でも大切にされる。夢や理想を描き，その実現のために，関係する要素と条件を動員し，組み立て，そこにダイナミズムをつくり出すことが経営だとすると，それはダイナミズムという美のほか，自らの美意識を追求し，刻むことである。芸術としての経営は，その人の人間観，人生観，社会観，世界観などと深くかかわった，言わば経営哲学として語られ，またそれを目標にしている。

　経営は創造的な活動でもある。実現する事業の性質とか，性格の面からだけでなく，事業を実現するための行為そのものの面からも導き出される。言いかえれば，教育という事業が創造的であるか否かにかかわりなく，経営は創造的なのである。事業体がいかなるものであれ，その運営には経営という行為は不可欠である。営利事業体であれ，非営利事業体であれ，経営を自覚し，それを積極的に進めなければ事業と事業体の存続と発展はありえない。それを促すセンス，創造力，構想力，先見性がともなわなければ，成功はおぼつかない。

　学校は教育事業の経営体と理解されるようになった。学校経営については，「教育事業経営体である学校において，学校づくりのビジョンと戦略を設定し，その実現のために学校経営計画を策定して，ヒト，モノ，カネ，情報，学校力（ブランド）などの経営資源を調達，運用して，それぞれの資源を機能させる組織をつくり，組織を通して意思決定をはかり目標を達成しようとする計画的で継続的な営為である。学校づくりは，つまるところ学校力の構築と質的向上をめざすものであるから，その成否は経営力，リーダーシップに多く依存している」と定義することができる。もちろん学校は公共性が高いし，とりわけ公立学校の場合には住民・国民の税により設置，運営されているため相当な行政規

制がある。その意味でここでの学校経営の定義は形式的なものであり，時代の変化や教育政策・行政，保護者・住民の意思により学校経営の実相は異なることを指摘しておかねばならない。また学校経営と学校経営学を次のように言うこともできるだろう。「学校経営は，学校の総合力としての学校力を構築するという壮大なドラマを創造，演出，実現する仕事である。学校経営学は，このドラマを構想し，それを演じる舞台装置をつくるための知的財と知的体系を創造・開発，提供する役割を有する。それは学校経営の現象を捉え，分析し，そのかたちや意味，考えや思想を問い，併せて学校経営の在り方を解明することで，学校経営の実践，学校力の向上，学校経営政策などの改善に貢献するという役割も期待されている」と。なお，「学校づくり」は本書第11章に見るように歴史的に眺めると特別な意味をもっている。そこには「経営」という問題意識や発想はなかったが，こうした日本の学校づくりの遺産を踏まえながらも，言わばニュートラルに「学校経営としての学校づくり」をとらえ，そこから歴史的接点を探っていくことは，これからの学校経営や学校づくりのあり方を考えるうえで実践的にも学術的にも意義のあることだと考える。

　学校では教職員や行政だけでなく，子ども・保護者・住民等の存在や行動が経営の考え方・活動を生み，規定し，スタイルを決める側面をもつ。経営はこうした人たちに向けて，またこうした人たちを視野に置いて展開すべきものである（図2.2）。

　学校として進むべき方向，ビジョンを設定し，その実現の戦略をつくることは経営の最も重要な機能である。経営は目標を定め，組織目標の達成に向けて個別の活動を方向づけ，組織をつくり目標を達成する活動である。公教育目標を学校を現場として実現する学校経営の領域には，教育，人事，財務，施設設備，組織運営，外部関係などがあり，それぞれにおいて目標，計画を設定し，実施運営する。さらにこれらがそれぞれのアカウンタビリティを保護者などに対して明確にし，そのための自己点検・自己評価に基づく学校評価を行う（図2.3）。同時に成員の協働関係と組織のダイナミズムをつくることや，その時々の判断や決断をするなど意思決定を行うことも経営の重要な機能である。この

34　第2章　学校づくりと学校経営

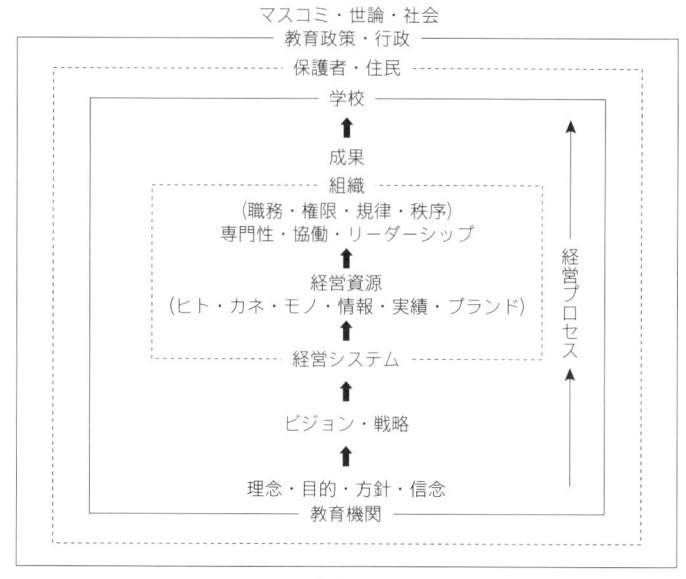

```
マスコミ・世論・社会
  教育政策・行政
    保護者・住民
      学校
       ↑
      成果
      組織
   (職務・権限・規律・秩序)
   専門性・協働・リーダーシップ
       ↑
      経営資源
   (ヒト・カネ・モノ・情報・実績・ブランド)
       ↑
     経営システム
       ↑
     ビジョン・戦略
       ↑
   理念・目的・方針・信念
      教育機関
```

（右側に縦書き：経営プロセス）

図 2.2　学校経営の構造

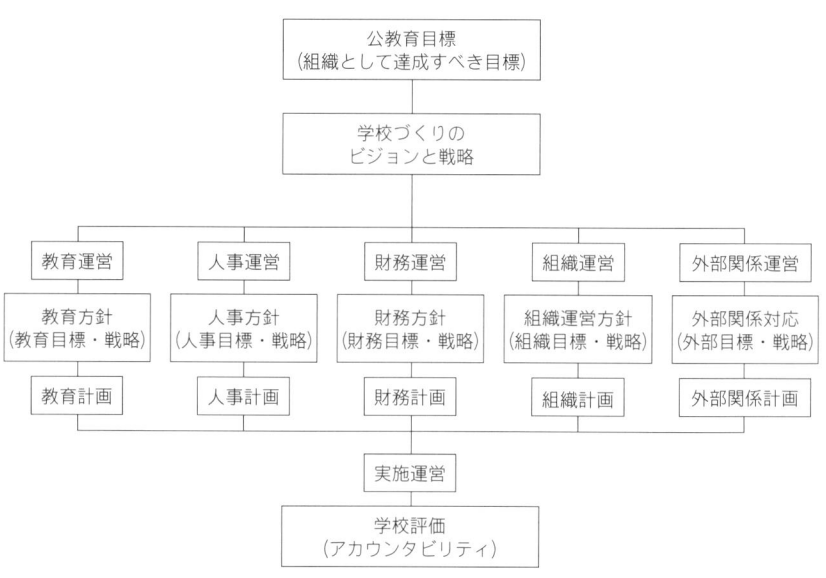

```
          公教育目標
      (組織として達成すべき目標)
             │
         学校づくりの
         ビジョンと戦略
             │
 ┌──────┬──────┬──────┬──────┬──────┐
教育運営  人事運営  財務運営  組織運営  外部関係運営
 │      │      │      │       │
教育方針 人事方針 財務方針 組織運営方針 外部関係対応
(教育目標・(人事目標・(財務目標・(組織目標・ (外部目標・
 戦略)    戦略)    戦略)    戦略)     戦略)
 │      │      │      │       │
教育計画 人事計画 財務計画 組織計画  外部関係計画
 └──────┴──────┼──────┴───────┘
             実施運営
                │
            学校評価
       (アカウンタビリティ)
```

図 2.3　学校経営の PDCA

ように経営は総合的,全体的な組織活動である。現代の学校経営はさまざまなことがらが複雑に絡み合い,相互に影響し合って展開しているから,多様で高度な知識や情報を動員して状況を分析し,洞察して先見するなど状況を切り開き,問題を解決する能力が求められている。その意味で経営は技術にとどまらず,科学であり,かつ鋭い感性と勘が必要とされる。勘や直感は経営の最高の能力であるが,その勘や直感は経営の知(経験知や理論知)に裏打ちされ,全体や方向を洞察し,先見することができるものでなければならない。ここに学校経営の学問研究,学校に対する経営的研究の必要と意義がある。

2 経営と組織

　学校経営の定義には「組織を通して」という文言が必ず出てくる。そこに経営を理解するひとつの鍵がある。

　経営とは,事業体(教育事業体としての学校)が進むべき道を方向づけ,つまり事業展開のビジョンとそれを達成するための戦略を設定して,それを実現する計画(学校経営計画)を策定し経営資源(ヒト,モノ,カネ,情報など)を調達し,組織を通してその機能を活かし運用することで目的を達成する持続的で計画的な営みである。公立学校は公立学校であるがゆえの制約があり,さまざまな制約を受けるがゆえにこうした経営の基本概念によって理解することは当てはまらない面がある。しかしながら自律的学校経営の構築が目指されているなかにあって,学校の「経営」をこれまでの学校経営政策や教育行政の次元で理解されてきた枠組みや認識では十分でないことは明らかである。公教育経営を踏まえつつ経営の基本概念をしっかり踏まえた学校「経営」の理解が,自律的学校経営の構築,発展につながると考えるからである。

　学校経営は,経営者たる校長の学校づくりのビジョンや戦略によって左右される。いや校長の学校づくりのビジョンと戦略なくして学校の経営は成り立たない。学校づくりのビジョンや戦略をつくらず"経営"をしているとすれば,それは経営をしているのではなく管理をしていることである。管理は,管理する者以外の者が策定するビジョンや戦略に基づいて,それを計画として策定し,

計画を実行，調整，統制する作業であるからである。

　経営は管理（とりわけ総合的な管理）を含む営みである。学校はとくに規模が小さいから経営と管理は切り離しがたく密接に結びついて展開している。経営と管理は一体となって展開しているというべきだろう。他方，「総合的な管理」は校長の立派な職務である。個別の管理もそういってよい。

　教育運営，人事運営，財務運営，組織運営，施設設備運営，外部関係運営など，それぞれについて目標設定，計画，調整，統制，評価という経営機能が必要だ。ここでは個別に経営と管理を機能させつつ，それらを学校力の構築という学校づくりに向けて統合する必要がある。それが総合的経営力である。

　これらを機能させるためには組織のはたらきが戦略的な意義を有している。経営は組織と密接な関係をもって展開している。経営は組織であるとか，組織は経営だという人もいるほど，経営と組織は切っても切れない一体的関係にある。経営は組織なくして成立しない，もしくは機能しない。経営は組織を通して，または組織によってその機能を発揮しうるのである。

　それでは組織とは何か，経営を機能させるために学校の組織のあり方と組織運営はどうあったらよいだろうか。

　教職員がそれぞれ分担した職務をしっかり行っていれば，学校は問題なくその活動を継続させることができる。しかし各教職員の活動を学校の目標達成のために，どうつなげ，束ねていくか，またそれに向けて教職員の意欲をどう高め，協働関係をつくっていくかは，各教職員の努力や活動だけでは達成できない。教育活動を継続，発展させるうえで学校の組織と運営が大きな役割を果たす。つまり学校の組織と運営のあり方が，教育活動の質量を方向づけ，その成果に大きな影響をもつものとして認識する必要がある。

　学校の場合は，仕事は校務分掌として関係づけられ，学校の目的を達成するために校長，教頭，主任，教員などの職員（職制）が必要であるから，これらにあてがわれた仕事を遂行するために必要な権限や責任が法令，規則，慣行などで明確にされ，それらの権限を行使する人間の関係として秩序づけられている。ここでは公式組織の目的とその達成が前提とされ，そのために必要な仕事

と権限の関係として語られる。人間の問題はこの関係のなかにあって，もっぱら仕事を実施し，権限を行使しうる資質と能力を有した人間の問題として語られ，関心が向けられがちである。

　学校は公式組織の観点から理解するのが一般的である。資質・能力もその観点から理解される。他方，組織は複数の人間が織りなす社会である。社会としての組織理解では，職務と権限の関係としての公式組織とイコールとするものではない。インフォーマル組織，公式組織の中に生ずる人間の問題や関係のほか，人間の集まり，集団として社会をなし，そうした社会における人間の問題や文化の問題としても語られる。ひるがえせば，労働と人間の問題・関係として語ることもできる。

　このように組織は公式組織と非公式組織に区別し，それぞれの性質と特徴を語ることができる。しかし企業組織であれ，学校組織であれ，これら2つは分かちがたく結びつき，関連をもち機能しているのが実態である。したがって公式組織であれ，人間の問題を抜きにして語ることはできないだろう。組織は人間の協働の体系という性質をもつ。何かをしようとするとき，個人ではできない状況にあっては，それを克服し，解決するために他者の力を必要とする。ここに複数の人間が織りなす協働が生まれる。これを抽象化して組織の本質を2人以上の人々の意識的に調整された諸活動や諸力の体系として理解したのはC.I. バーナードである。学校という組織にあって，協働という考えはきわめて重要である。協働の意欲と関係をどうつくるかは，トップリーダーにとどまらず，ミドルリーダーにとってもマネジメントの中核をなす力量であり，リーダーシップであるといえる。

　組織とは，人間が自らの，もしくは組織が直面する問題や課題を解決する思考，かたち，様式，方法である。こうした組織の見方，考えに立つことが，組織を人間の問題，人間社会の問題だと認識することを可能にする。組織とは，われわれ人間が人（たち）との出会い，ことがらとの遭遇において生ずる問題や課題を処理・解決するために考えられた，人（たち）のつながり，関係のスタイル，仕組み，かたちである。組織とは人間が日常的に問題や課題を処理・

解決するために動員される人間の仕事の仕方なのである。

　たとえば M. ウェーバーは，近代社会の問題処理・解決のスタイルを官僚制（bureaucracy）という概念により説明した。官僚制は，規則の支配，権限のヒエラルキー，職務の専門分化，没人格性，文書によるコミュニケーションを原則とする。封建社会のシステムを考えても明白である。また C. バーナードは，組織（公式組織）を複数の人々の意識的に調整された協働の体系であるとし，共通の目的，協働意欲，コミュニケーションの3つを組織の要素としている。さらに組織は職務と権限の体系であるとも定義できる。

　私たちは，組織を形として考えがちであるが，一歩進めて問題を処理し，解決するための思考，かたち，様式，方法などとして考えてみると，組織を人間の問題処理・解決の形式であるととらえることができるし，組織のダイナミズムもそこに見いだすことができる。つまり経営とは組織を通して，組織によって何かを可能にし，何かを創造することである。

3　学校の意思形成と運営組織

　経営は意思決定だともいわれてきた。意思決定（decision making）とは，一定の判断や行動を選択する行為である。意思決定はすぐれて個人的な行為である。そうであるがゆえに，意思決定者には高度な識見と力量が求められる。意思決定には当然に意思形成の過程がある。その過程では一定の組織の意見や検討を踏まえて最終判断をすることが多い。もちろん組織での検討のプロセスになじまない事項は自ら判断することはあるものの，教育に関する多くの事項は，さまざまな組織での意見や検討を踏まえて意思形成，決定するプロセスをたどることが多い。校長がどんな意思形成の過程を取り込みながら意思決定を進めるかによって，意思決定スタイルの特徴，独自性がつくられる。また意思決定は内外の組織環境，組織の成熟度，人間関係などによって影響を受け，意思決定のスタイルが形成される。その意味で意思決定は関係的，相互的である。

　わが国の学校経営では，職務の性質としては教育の専門性が，意思形成のかたちとしては合議制が，その組織として職員会議が展開してきたといえる。同

時にこうした学校経営が必要であり，学校経営のあり方として重要であると主張されてきた（「学校自治」）。主張されてきたというのは，教育行政の実際にはこれらが制限されてきたということを意味する。ここでは専門性に基づく経営や組織よりは，行政意思が主導し作用する経営と組織が求められた。経営の論理，組織の論理は見え隠れするものの，主導する原理，論理は行政の論理であった。したがって学校経営ということはいわれていたが，その実態は行政主導の学校経営であり，行政的管理の考えであった。ここで行政的管理とは，行政の意思を学校において実現するために仕組まれた管理のシステムと作用である。校内管理体制の確立がここでのもっぱらの考え方であった。これだけではない，行政組織における統制の原則（職務と権限を軸にした管理原則）を学校においても実現を期そうとするものである。したがってここでは管理機能が支配的となり，学校が自律的に教育事業を経営する組織体とする考えは遠ざかっていた。教育事業は教育委員会が行い，その管理運営を教育長から校長に委任するという考え，学校では校長を頂点として教頭・教務主任・生徒指導主任・学年主任・教科主任などを中に挟む管理上・指導上の職制を確立するという考えが支配的であったからである。校長は主として管理機能を担うとするもので，学校が教育事業の主体，経営体であるとする認識は低く，専門性と合議制が後退した組織原則が支配的になった。

　学校の意思形成における合議制機能が弱まったとしても，教職員が学校の意思形成や，学校のさまざまな問題や課題を解決するにあたり，それに参加することは重要なことであり，職員会議の役割は依然として大きいというべきであろう。

　職員会議が校長の補助機関として法制化され，そこで公式な意思決定を行わなくても，事実上の意思形成の機能は残しておくべきだろう。そうしなければ学校組織は動かないからである。ライン機能はある程度までは組織を機能させる，つまり教職員を動かすことができる。しかし教職員の心を突き動かし，貢献意欲を引き出すためには，それだけでは十分ではないだろう。報酬や処遇も一時的に一定の効果を生むかもしれない。しかし，それと並んで，またはそれ

以上に，同僚性，協働，参加が十分に機能していなければ，学校の組織を機能させることはできないというべきだろう。これと並んでリーダーシップが大きな役割を果たす。同僚性，協働，参加を重視するあまり，リーダーシップの役割を軽視すべきではない。かつて学校経営の構造論争があった際（1960年代後半から70年代にかけての「学校経営の単層・重層構造論争」），学校組織のフラット性を強調し過ぎて，校長の役割とリーダーシップをスポイルするという事態を生んだ。組織におけるリーダーシップの役割が形骸化してしまった。学校組織を機能させ，活性化させるリーダーシップの役割を考えていくことが重要だと考える。実は，リーダーシップは協働や参加，さらには同僚性を必要とし，求めてやまないものなのだから。リーダーシップは成員あっての機能であり，その発揮は成員とともに創られていくものだからである。

　現在は，学校は自律的経営体として理解されるようになってきた。そこでは経営と組織の論理が頭をもたげている。しかしそれはこれまで学校現場で求められてきた専門性と合議制の原理と論理とは異なり，学校が組織であるからには，組織運営においては不可欠で，避けることができない経営と組織の原理と論理である。専門性と合議制の論理が経営と組織の論理と分かちがたく関連しあって結びつき，校長のリーダーシップの発揮と校内責任体制を可能にし，教職員の創意と工夫を引き出し，目標を達成しようとする学校経営であるといってよい。専門性と合議制を学校経営の基本原理とするものではないということでは共通しているが，行政主導の学校経営と校内管理体制の確立というこれまでの学校経営の考え方とは似て非なるものである。

　組織は目標の達成に向けて織りなし，関係づけられた仕事と権限の体系である。それは多様な職務からなり，一定の体系，関係をなして存在し，機能する。組織目標を達成する職務がつくられ，それが人々に割り当てられ，職務に期待された目標を実現する。職務は個別的なものであるが，一定の関係，体系の中で存在し，遂行される。それを協働もしくは協働関係としよう。この場合，協働とは組織目標に共鳴・共感し，もしくは目標を共有し，その実現に向けて人々が織りなす意識と行動のかたちである。チームワークといってよいかもしれな

い。協働は，協力と区別して使用した方がよい。協力は，目標に対する共鳴，共感，共有がなくても成立する仕事関係のかたちである。分業化され，割り当てられた仕事の分担・分業の集積であり，関係である。これに対して協働といえるためには，精神的な心の絆，つながり（共鳴・共感・共有）がなければならない。またそうあるのが協働だと考えたい。協働の意欲，協働の関係は，共有するもの（目標）があって成立する概念である。

とすると，協働は学校経営においてきわめて重要なキーワードである。協働を実現することが校長のリーダーシップおよびそれをサポートするミドル層の役割でなければならない。協働においては各教師の教育活動における専門性を重視，尊重することが前提である。その場合，「閉じられた専門性」ではない。学校における専門性は関係する教師が有する専門性との関係，つながりのなかで形成される協働としてあり，また協働のなかで専門性が生き，息づくものでなければならない。その意味で「開かれた専門性」でなければならない。保護

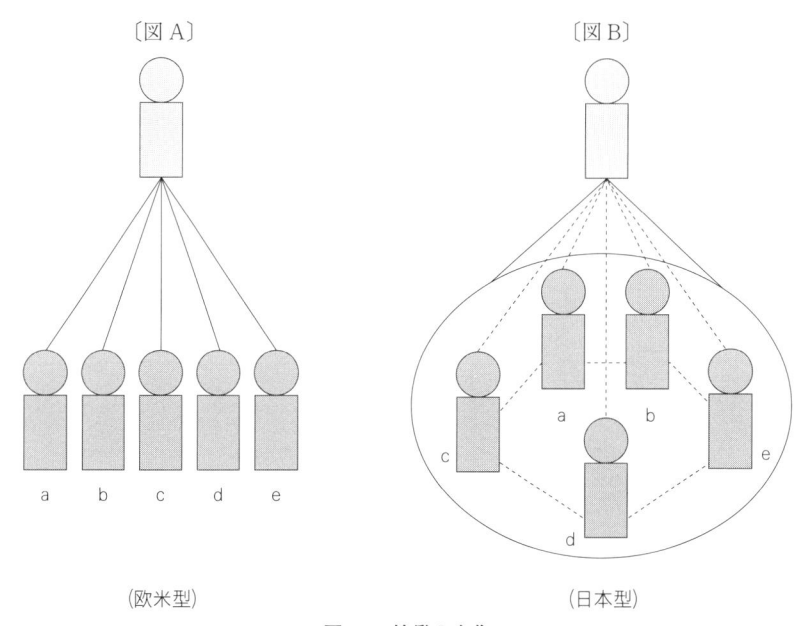

〔図A〕　　　　　　　　　〔図B〕

（欧米型）　　　　　　　　（日本型）

図2.4　協働の文化

者・住民の学校参加が現実のものとなっているなかで，開かれた専門性のもつ意義は大きい。協働についても同じことがいえる。協働も学校においても，保護者等に対しても開かれたものでなければならない。

　さらに協働的であることが，教師の専門性の特徴だといえる。教育活動は各教師のひとりの仕事であり，その意味で個業であるし，個業を支え，促す知としての専門性である。しかしながら同時に，その専門性はそれぞれを補う合うという部分，または性質を有している。協働としての専門性である。日本の学校ではものごとを一緒でやることをひとつの特色としてきた。「協働の文化」である。協働の文化は，教師の専門性においても色濃く存在し，「協働の専門性」を生み出している。これからは，学校は一人ひとりの教師の高く円熟した専門性を開かれた専門性と協働の専門性に発展させることを目指して専門性の再生と再定義，そして再構築をする必要がある。こうした専門性は，1960年代から80年にかけて論争を繰り返してきた，言わば伝統的な専門性とは異なる。これからの学校経営において重要なことは，こうした方向性をもった専門性が経営と組織において息づき，または機能しうる学校でありたい。

4　学校教育の変化と学校経営

　敗戦後，それまでの教育の目的やかたちをどう解体し，教育の新たな理念と枠組みをどう構築するかということが占領政策の中心課題であった。憲法，とりわけ教育基本法はその理念，そして制度の基本を定めたもので，これに基づいて関係法令が制定され，教育制度が作られた。しかし独立（1951年）以降，日本における教育の価値と制度とは何かをめぐって激しい議論が展開されてきた。そこでの議論の核心は，教育基本法の根本価値として規定していた，「教育は，人格の完成をめざし，平和的な国家及び社会の形成者として，真理と正義を愛し，個人の価値をたつとび，勤労と責任を重んじ，自主的精神に充ちた心身ともに健康な国民の育成を期して行われなければならない。」とする教育の目的規定である。この目的規定の変更こそ，政権政党である自由民主党結党以来の悲願，宿願であった。

2006年12月教育基本法が改正された。新教育基本法制定のねらいは"国籍ある教育"の実現にある。そこには旧教育基本法第1条の教育目的規定に日本人を育成するという文言がなく，国籍のない教育が行われてきたという認識が根本にある。その規定は国家指導者が偏狭なナショナリズムや愛国心によって戦争を導いたことへの反省（文部省『教育基本法の解説』1947年）から生まれたものである。戦後教育は，まさにこうした教育目的の実現をめざして行われた教育の総体であった。

その教育基本法が改正され，それに基づき第166回国会で学校教育法，教育職員免許法及び教育公務員特例法，地方教育行政の組織及び運営に関する法律の，いわゆる教育三法改正法が2007年6月20日成立，6月27日公布された。

学校教育法の改正は，2007年12月に改正された教育基本法に基づいて行われたもので，学校教育目標などの見直しにかかわって行われたものである。教育職員免許法および教育公務員特例法の改正は教員の指導力向上と指導が不適切な教員の問題に対応するために，免許更新制の導入などを内容とするものである。地方教育行政法の改正は，高等学校での世界史（必修）未履修などの問題などに動機づけられたもので教育委員会に法令違反等があった場合，その是正を求めることができることなどを内容とするものである。これらいずれも，1980年代後半から90年代にかけて行われ，2000年代にいっそうの進展が期待された教育改革，さらには学校経営改革に軌道修正を迫る，もしくは新たな展開を誘導する力をもつ。

学校教育法改正のポイントは以下の通り。

　　改正の趣旨：改正教育基本法において明確にされた教育理念に基づき，義務教育の目標を定め，各学校種の目的及び目標を見直すとともに，学校の組織運営体制及び指導体制の充実を図るために，学校に置くことができる職として新たに副校長等を設けることにより学校教育のいっそうの充実を図る。

　　・義務教育の目標の見直し，幼稚園から大学までの各学校種間の目的・目標の見直し

- 幼稚園，小・中学校等に副校長，主幹教諭，指導教諭の新たな職を置くことができる
- 学校は，学校評価を実施し，その結果に基づき学校運営の改善を図り，教育水準の向上に努める。学校運営の状況に関する情報を保護者等に積極的に提供する
- 大学等の履修証明制度

5 学校づくりと現代の学校経営政策

　戦後の学校経営政策―学校経営改革を振り返ってみると，戦後教育改革における学校経営改革，地方教育行政法（1956年）とその後の行政措置によって秩序づけられた学校経営の確立（「56年体制」），臨時教育審議会答申（1987年）と中央教育審議会答申「今後の地方教育行政の在り方について」（1998年）に基づき56年体制によって秩序づけられた学校経営の基調を塗り替えようとする問題意識と改革デザインをめざして実施した改革，の3つの段階に整理することができる。現代の学校経営改革の特徴は，学校の裁量権限の拡大，校長の権限拡大，校内責任体制の確立，学校の経営責任の明確化，参加・参画型学校経営の推進，を内容とする自律的学校経営の実現，構築をめざして展開されてきた。しかしながら，展開の過程は必ずしも自律的学校経営にふさわしい学校経営を実現する方向に進んでいるいるかといえば，必ずしもそうとばかりとは言い切れない。そうであるがゆえに，各学校が学校の総合力としての学校力を高め，〝いい学校〟づくりを進める自律的経営を構築，展開する姿勢と力量が求められているといえるだろう。

　開かれた学校経営という観点から，ここ10年，評価に基づく学校経営の推進，学校評価の導入，「学校評価ガイドライン」に基づく全国学力テストの実施，保護者・住民の学校運営への参加・参画，コミュニティスクール―学校運営協議会の設置などが展開されてきている。教員評価の実施，学校選択制の導入，「ゆとり教育」との決別と知識重視の学力向上を理念とする学習指導要領の改訂，愛国心や規範意識の育成強化，副校長・主幹教諭・指導教諭の「新たな職」の

設置による校内責任体制の確立と学校組織の再編，教職大学院の創設，教員免許更新制の導入など，学校が教育現場としてかかえ，対応，解決しなければならない課題は少なくない。これらを学校経営の問題や課題として受けとめ，学校づくりを進めていくことが重要である。

現在，教員は高度専門職業人としてあることが求められている。そうであるためには，次の3つの知を備えていることが不可欠だと考えられる。

・専門性の高度化を持続させる知的基盤
・専門性を成熟させる知
・専門性を学校づくりに生かす知

これらの知を「考える教師」という教師像に統合しうる教師でありたい。

【小島　弘道】

考えてみよう
1．学校づくりのための経営の役割について考えてみよう。
2．あなたの「学校力」（学校の総合力）構想をまとめてみよう。
3．組織とは何か，学校づくりの観点からまとめてみよう。
4．学校の意思形成はどうあったらよいだろうか。
5．学校運営における教師の役割とは何か。

参考文献
C.I.バーナード，山本安次郎他訳『新訳　経営者の役割』ダイヤモンド社，1968年
黒崎勲『学校選択と学校参加』東京大学出版会，1994年
北神正行『現代学校経営改革論』教育開発研究所，2001年
篠原清昭『スクールマネジメント』ミネルヴァ書房，2006年
天笠茂『学校経営の戦略と手法』ぎょうせい，2006年
小島弘道関係の文献：『21世紀の学校経営をデザインする〈上〉〈下〉』（教育開発研究所，2002年），『教務主任の職務とリーダーシップ』（東洋館出版社，2003年），編著『『時代の転換と学校経営改革』（学文社，2007年），共著『第3版　教師の条件―授業と学校をつくる力』（学文社，2008年），共著『スクールリーダーシップ（講座　現代学校教育の高度化7）』（学文社，2010年），共著『学校づくりとスクールミドル（講座　現代学校教育の高度化11）』（学文社，近刊）

第3章　学校づくりと法

1　学校づくりと法の関係をどうみるか

　近年，国家による学校づくりが進行している。本来，学校づくりは現場の学校の教職員が自律的・協働的に実践するものであるが，近年の学校づくりは国家による公教育制度の再編化という制度改革や教育政策上の学校改革の制御を受けて進行している。むしろ，教職員集団による学校づくりの実践は国家による学校づくりの政策の遠隔的な統制により誘導されているといってもいい。この場合，その国家による学校づくりの方法は基本的には法を媒介として展開される。そのため，学校づくりの意味を理解するためには，学校の制度改革や組織改革に関連する法の実態や内容を吟味しなくてはならない。本章では，そうした意味から国家による学校づくりを法の視点からみてみよう。なお，この場合の学校づくりとは，学校の規範・組織・制度の形成を意味する。

　まず，学校と法の関係を考える。一見，学校は法とは別の世界に存在するように感じられる。そこには，教師と子どもたちの内的な精神と心のつながりにより展開される教育の営みがあり，明らかに法という外からの強制力が及ばない自律世界がある。しかし，現実に果たしてそうであろうか。たとえば，（公立学校の）「授業」の場面を法の視点からみてみよう。

　「授業者」としての教師は，身分と職務内容が法律上規定された義務と職制をもつ「地方公務員」・「教育公務員」（教育公務員特例法）として教壇に立っている。この場合，「地方公務員」としての教師は他の公務員と同様に，その「全体の奉仕者」（憲法第15条）としての服務規準から，職務上および身分上のコンプライアンス（法令遵守）が強く求められる。しかも，このコンプライアンスに

は一般公務員としての「法令等及び上司の職務上の命令に従う義務」（地方公務員法第32条）に加えて，「教職専門職」あるいは「聖職者」としての固有な職業倫理が求められる。近年，「教育界の不祥事」の多発のなかで世論がこの教師のコンプライアンスを強く求めている。この場合，教師に求められるコンプライアンスには，単に法令遵守という狭い意味を超えて，教育の倫理観をもった行為性という広い意味が含まれている。

さらに，教師に求められるコンプライアンスは単に教師個人の法令遵守や倫理行為のみに求められるだけではなく，教職員の集団すなわち学校組織全体に対しても求められる。それは，教育の不祥事が教師個人の動機のみではなく，その帰属する集団すなわち教員集団の文化風土性から派生している場合があるからである。いわゆる組織の個人の不祥事は必ずその背景に組織の社会的な要因（「組織ぐるみ」）があるという見方が重要である。その意味では，教師に求められるコンプライアンスは同時に，教師が帰属する学校組織の法文化や慣習法上の不安定さ「モラルハザード」（組織倫理の欠如）まで問題にしなければならない。その意味では，教師のコンプライアンスは学校づくりの課題でもある。

一方，「教育公務員」としての教師は，原則として教員免許状を持つことが義務づけられ（教育職員免許法第3条），教育委員会の選考試験により採用された者（地方教育行政の組織及び運営に関する法律第34条）をいう。資格を持つことが義務づけられない塾の講師とは明らかに異なる。さらに，「授業」は法により検定を経た「教科用図書」（教科用図書検定規則）としての「教科書」の使用が義務づけられ（学校教育法第34条），さらにその授業の内容・教育課程は国の定めた「教育の目標」（教育基本法第2条，学校教育法第21条など）とその大綱的基準としての学習指導要領に従わなければならない（学校教育法施行規則第52条）。また，教育実践が行われる場としての「学校」は，「公の性質を有するもの」（教育基本法第6条）とその法的性格が示され，その設置者は国・地方公共団体・学校法人に限定され（学校教育法第2条），さらにその設置には一定の法的基準が適用されている（小・中学校設置基準など）。

以上のように，一見法とかけ離れた（教育）実践の場としての学校も，透視

してみればその活動や組織に関して無数の法のマトリックスがある。それはなぜであろうか。それは、「学校教育」が「私教育」ではなく「公教育」として位置づけられているためである。「学校」は（私立学校も含めて）「公教育機関」であり、その「授業実践」は「公教育事業」として大きく「公共性」をもつためである。そのため、国家は「教育における公共性」を維持するために、「授業者」に教員免許状を課し、試験による選考を求め、その資質力量を法により確保している。また、「授業」の水準確保のため、「教材」としての教科書（使用）と教育内容基準としての学習指導要領の準拠を法により求める。すなわち、学校と法の関係は、基本的には法が「教育における公共性」維持のために学校を制御する関係にあるといえよう。ただ、この「制御」はあくまでも学校の相対的自律性の存在を前提として、けっして学校の実践に公権力的に介入するものではなかった。学校と法のこうした関係はあくまでも学校の実践を法が外から条件整備する関係を基本とした。そのため、教職員集団による学校づくりの実践は、学校の自治や教職の専門性さらに保護者等との協働を理念として展開され、公権力性や政治性を内包する法の介入と干渉を受けなかった。

　ところが、近年この学校と法の関係が微妙に変化しつつある。実際、学校の制度や組織運営さらに活動内容を規定する法のすべてを総称して「学校法」と呼ぶならば、近年この学校法が大きく変化している。その変化は、主に近年の教育改革や学校改革のための教育関係法の改正を通じて、学校法が実践としての学校づくりの生活世界に深く介入する点にある。

　この学校法の変化の特質は、学校づくりのための法化と形容できる。詳細には、学校の規範法化、学校の経営法化さらに学校の私法化を意味する。第1に、学校の規範法化は学校の教育実践の目標や価値など、教育の価値や理念の実定法化をいう。たとえば、近年の教育基本法の改正（第2条）や学校教育法の改正（第21条）では、日本人としての「態度」が倫理的に列挙され、さらに学校の教育目標に具現化された。このように個人の内的な精神世界にある倫理や価値を国家規範としての国家法に規定することは戦前を除いてあまりなかった。学校の規範法化といえる。

第2に，学校の経営法化は学校組織の運営に関して企業のマネジメントの手法の導入を求める実定法化をいう。たとえば，1998年の中央教育審議会答申「今後の地方教育行政の在り方について」(1998年9月12日)から学校の「組織的，機動的な学校運営」が求められ，校長の資格要件の緩和を目的とする学校教育法施行規則(第20条)の改正(2000年4月1日)があり，民間人(主に企業の管理職)の校長への登用が始まった。また，学校教育法の改正により「副校長・主幹・指導教諭」など新たな中間経営職が成立し，学校は「なべぶた」型組織から「ピラミッド」型組織への転換が求められている。

　第3に，学校の私法化は主に学校の民営化のための法改正をいう。これは，主に学校の設置や運営に関する規制緩和のための法改正を内容とし，学校の設置主体の多様化や公立学校の民間委託化を求めている。これらの法改正は，直接に実践次元の学校づくりに介入するものではない。しかし，学校の制度を転換させ，公立学校の存在価値を変容させ，間接的に実践次元の学校づくりに大きな影響を与えるといえる。

　現在，学校と法の関係は新自由主義および新保守主義的な学校改革のなかで大きく変化している。本章では，その変化を形成する近年の学校法を対象として，学校づくりにおける新しい法の価値と問題を考える。

2　学校の規範づくりと法──学校の規範法化

　学校の法化の特徴のひとつである学校の規範法化は，単純にいえば学校教育の価値たとえば人間形成の価値や教育価値を法律の条文に規定する傾向をいう。この場合，人間形成(教育)の価値理念は本来個々の人間の「心の在り方」として自己形成されるものであり，「国家権力規範」あるいは「公権力の発動」としての法になじまないものとされてきた。そのため，これまで多くの教育法規はこうした教育価値理念を条文化することを抑制してきたといえる。しかし，近年の教育関係法の法改正では，そうした教育価値の国家法化が大きく進行している。

　たとえば，教育基本法の改正では旧教育基本法の「教育の方針」(第2条)を

削除し，それに代わる「教育の目標」（第2条）を5項目にわたって以下のように列挙した。

 教育基本法第2条（教育の目標）　教育はその目的を実現するため，学問の自由を尊重しつつ，次に掲げる目標を達成するよう行われるものとする。
一　幅広い知識と教養を身に付け，真理を求める態度を養い，豊かな情操と道徳心を培うとともに，健やかな身体を養うこと。
二　個人の価値を尊重して，その能力を伸ばし，創造性を培い，自主及び自律の精神を養うとともに，職業及び生活との関連を重視し，勤労を重んずる態度を養うこと。
三　正義と責任，男女の平等，自他の敬愛と協力を重んじるとともに，公共の精神に基づき，主体的に社会の形成に参画し，その発展に寄与する態度を養うこと。
四　生命を尊び，自然を大切にし，環境の保全に寄与する態度を養うこと。
五　伝統と文化を尊重し，それらをはぐくんできた我が国と郷土を愛するとともに，他国を尊重し，国際社会の平和と発展に寄与する態度を養うこと。

　ここでみられる特徴は，5つの項目がそれぞれ「態度」という概念で示されている点である。それらは，大枠として「真理を求める態度」「勤労を重んずる態度」「社会に寄与する態度」「環境に寄与する態度」「国際社会に寄与する態度」であるが，ここでは，教育の目標が人格形成の目標ではなく，日本人としての態度すなわちアイデンティティの形成目標として条文化されている。このように徳目主義により国家の求める国民像を国家規範化した例は戦前にもみることができる。それは，「教育勅語」（明治23年10月30日）であり，そこでは「父母ニ孝ニ兄弟ニ友ニ夫婦相和シ朋友相信シ恭倹己レヲ持シ博愛衆ニ及ホシ学ヲ修メ業ヲ習ヒ以テ知能ヲ啓発シ徳器ヲ成就シ進テ公益ヲ広メ世務ヲ開」く天皇に「忠良」な「臣民」像が規定されていた。その意味では，教育の倫理的目標を公権力的に提示しその方向性を与えることはわが国の立法の伝統すなわち「勅語的伝統」[1]であり，改正教育基本法を「平成の教育勅語」[2]と解す

ることができる。

　しかし，問題は個人のあり方を国家が国民像として法律により規制すべきかどうかという点にある。この点，旧教育基本法もその第1条（教育の目的）で「人格の完成」という人間像を規定し，一定の国民像を規定した。しかし，この場合の教育目的の法律化には，軍国的レジーム（統制）の解体と個人の解放を「教育勅語に代るべき教育宣言的意味」[3]として表明する時代的な必要性があった。さらに，そこで求められた国民像は，国家が介入し強制する特定の人間像ではなく，むしろ国家が多様な価値と個性を有する個人の存在を承認することを理念とする人格形成像であった。

　ところが，今回の教育基本法の改正で求められる国民像は，明らかに固有な日本人としてのアイデンティティ・イメージをもっている。その位置を，国家か個人かさらに市民社会か共同体かという対抗軸で構成される社会制度の理念の座標軸で確認してみよう。

　まず，旧教育基本法の教育目的である「人格形成」は，個人としての人格の完成をめざし，その完成された個人が市民社会の形成者になることを大きく教育目的としている。その精神基盤には，教育におけるリベラリズム（個人主義）と戦前の国家主義教育からの解放による市民社会（民主主義社会）への志向がある。そのため，そのイメージは「リベラルな個人が，多元的な価値をもって民主主義の社会を形成するといったような像」[4]であり，教育目的は大きく国家＜個人・共同体社会＜市民社会の象限におかれた。一方，今回の教育基本法改正による教育目的（目標）は，明らかに国家と共同体で構成される社会イメージの象限におかれている。この象限は，「国家」と「共同体」をイコールでつなぐ「国民共同体」論[5]の枠組みをもち，個人を強くその国家共同体に帰属させる方向が意識されている。したがって，教育の目的は個人ではなく国家の次元に意識され，人格の形成は個人の発達ではなく国家の発展に寄与する方向に求められる。つまり，経済のグローバル化のなかで求められる「強い国家」を形成するための「強い日本人」の形成が，今回の国家による教育目的の法化の意図であったといえる。

もちろん，教育基本法にこのような国家による新しい教育目的（目標）が規定されたからといって，それがただちに法的な拘束力や規制力をもつものではない。とくに，準憲法的性格をもつ教育基本法は一般法と比べてその規定内容は抽象的であり，「訓示」的であり，ある意味で理念法としての要素が強い。しかし，今回の教育基本法の改正はそうした同法の法的性格自体も大きく変化させた。具体的には，同法（第17条）に新たに中央政府および地方政府による「教育振興基本計画」の策定を規定し，さらに同法（第18条）に「この法律に規定する諸条項を実施するため，必要な法令が制定されなければならない」と規定した。つまり，この2つの条項により新しい教育基本法に規定された条項は，教育関連法により具体化されるとともに，文部科学省および教育委員会の「教育振興基本計画」により実行されるかたちとなった。実際，教育基本法の改正の後，その改正の具現化のため教育関連法（「地方教育行政の組織及び運営に関する法律」「学校教育法」「教育公務員特例法」等）の改正が進行するとともに，文部科学省は教育振興基本計画を制定した。こうした点により改正教育基本法は従来の「教育理念法」から「教育改革法」に変化し[6]，法としての性格を大きく変えた。

たとえば，改正教育基本法における教育目標規定（第2条）は学校教育法の「義務教育の目標」（第21条）の新設を促し，さらに学習指導要領の改訂を通じて学校の教育課程の変更をもたらしている。学校の規範法化は学校現場に介入し，より実効性のある展開を示している。

3 学校の組織づくりと法——学校の経営法化

学校の法化のもう1つの特徴である学校の経営法化は，国家による学校の組織づくりをいい，実際には学校運営に関して企業経営もしくは行政経営的マネジメントの方法の導入を法により規定する傾向をいう。その特徴は，大きくは校長の経営マネジメント能力の強化や学校組織のピラミッド型組織への再編をいう。

第1に，校長の経営マネジメント能力の強化に関しては，校長の資格要件の緩和を内容とする学校教育法施行規則の改正により民間人校長の登用が開始さ

れた。従来，校長の資格要件については1種免許状あるいは専修免許状の取得と5年以上の「教育に関する職」の経験を義務づけられていた。しかし，2000年の同規則の改正により，学校の設置者がそれらの資格と同等の資質を有すると認める者を校長として任命・採用することができる特例（同施行規則第22条）が加えられた。結果的には，この特例（追加条文）1つにより従来の校長の資格要件は義務的要件ではなくなり無資格化され，「教職経験」や「教員免許状」がない「民間人」が校長になることができるという規制緩和が生じた。この場合，実際に任命・採用された「民間人校長」の多くは企業の人事管理部門や経営管理部門の管理職であり，その人事管理や経営管理などの組織マネジメント能力が期待された。それは，学校経営における企業のマネジメント手法の直接的な導入を目的とする法化であったといえる。さらに，この法改正は，校長のリーダーシップ・スタイルに関して，「教師の教師」といわれる教育指導的リーダーシップから，「学校の経営者」といわれる経営管理者的リーダーシップへの変化を求める学校の経営法化であったといえる。

　さらに，学校内部においては職員会議の補助機関化，学校外部においては校長を支援する諮問委員制度としての学校評議員制度の導入が学校教育法施行規則等の改正により法化された。この場合，とくに前者の職員会議の補助機関化については，これまで長く学校慣習法上の組織であり現行法に規定されなかった職員会議が明文化され，さらに一定の機能まで法定化されたことには特別な意味があるといえる。それは，国家がはじめて学校内部の組織のあり方について法により一定の介入をしたことを意味しており，学校の経営法化が国家による学校内部への介入法としての特質をもつことを表す。とくに職員会議の機能についてはこれまで長く補助機関説（文部省見解）・諮問機関説（他の行政解釈）・議決機関説（日本教職員組合）の対立論争があったが，今回の法改正はその機能まで法定化したことになる。この背景には，大きく国家が学校経営に関して「効果的かつ効率的な学校運営」（第16期中央教育審議会答申「今後の地方教育行政の在り方について」1998年9月12日）や「組織的・機動的な学校運営」（同答申）を志向した学校へのマネジメント手法の導入を意図している政策がある。

第2に，副校長・主幹教諭・指導教諭といった新しい中間管理職の実定法化（改正）がある。

　これらの新しい職は従来の省令主任（教務主任・学年主任・生徒指導主事等）と異なり，一定の権限を付与された新しい職制であり，「中間管理職」としての役割が期待されている。たとえば，副校長は「校長を助け，命を受けて校務をつかさどる」（学校教育法第37条⑤）と規定されている。この場合，教頭が「校長（副校長を置く小学校にあっては，校長及び副校長）を助け，校務を整理し，及び必要に応じ児童の教育をつかさどる」（同法同条⑧）と規定されていることと比較すると，副校長の方が上位の職制であることがわかる。主幹教諭は「校長（副校長をおく小学校にあっては，校長及び副校長）及び教頭を助け，命を受けて校務の一部を整理し，並びに児童の教育をつかさどる」（学校教育法第37条⑨）と規定された。その特徴は，校長から委ねられた一部の校務に関して整理権を有するとともに，教諭への指示権限をもつという点にある。また，指導教諭は「児童の教育をつかさどり，並びに教諭その他の職員に対して，教育指導の改善及び充実のために必要な指導及び助言を行う」（同条⑩）と規定され，一般教諭への日常的な指導・助言や校内研修に関するスタッフ的な役割が期待されている。これらの新しい職は，従来の「充て職」としての主任と異なり，独立の権限を与えられた（一般教諭にとっての）「上司」であり，管理職登用試験を受け，採用され，給料表上の新級が与えられている。

　これらの新しい職制の導入により，学校の教員集団は校長－副校長－教頭－主幹教諭－指導教諭－（主任）－教諭といった7つの職階層に区分され，学校組織は階層化とライン系列化によりピラミッド型の企業経営的組織に変化していく可能性が生じた。まさに，学校の経営法化の特質である。

　これまで，学校組織は大きくは官僚的組織と専門職的組織の2つの特性から構成されていた。前者の官僚的組織の特性は，教育委員会の管理下で校長が学校組織を法規主義的に管理運営する点にみられた。一方，後者の専門職的組織の特性は，専門職集団である教員集団が学級担任や教科担任としての「個業」性を重視する点にみられた。この特性は，学校組織を法規主義的管理とは逆に

緩やかな結びつき（ルース・カプリング）⁽⁷⁾の方向に導くものであった。しかし，こうした学校の組織特性は時代変化のなかで社会が求める学校変革に対応できないという批判を受けるようになった。たとえば，教育改革国民会議は学校変革に対応できない公立学校を「お客が来ることが決まっているまずいラーメン屋」と批判した。そのような状況下で，近年，学校組織に企業的経営マネジメントの手法の導入が求められるようになった⁽⁸⁾。学校の経営法化は，そうした意味では国家が学校組織の特性を経営組織に志向させる学校の組織づくりのための戦略であったといえる。

4 学校の制度づくりと法――学校の私法化

学校の制度づくりは，国家が教育制度としての学校の基本構造（設置と形態）を法に基づき形成することをいう。近代国家以降においては国家が国民の教育を受ける権利の保障のために，国家の責任・義務として「公教育」機関として学校を法制度化した。この時代，学校は「教育における公共性」を保障するための「公教育制度」の世界にある。しかし，近年国家は新たにこれまでとは異なるかたちで学校の制度づくりを行おうとしている。それは，伝統的な公教育制度にある学校制度の脱制度化であり，多元化であるといえよう。国家は公教育の私教育化をめざし，「教育の私事化」を進める「市場」の領域に学校を移そうとしている。それが学校制度の再編化のための私法化である。この学校の私法化は，具体的には学校の設置主体の多様化と公立学校の民間委託化を内容とする法改正をさす。

学校設置主体の多様化は，端的には新たに企業やNPOが学校設置に参入することをさす。それは，基本的には学校の設置主体を国・地方公共団体・学校法人の三者に限定している学校教育法第2条を改正し，そこに新たに企業やNPOを参入させることを目的としている。一方，公立学校の民間委託化（公設民営）は学校教育法第5条にいう設置者管理主義を規制緩和し，公立学校を企業等へ民間委託化することを目的としている。いずれも，「一条学校」（学校教育法第1条に規定される正規学校）の設置や運営のあり方を変える大きな制度改革

であり，学校制度の脱制度化・多元化のための法化である。

前者の学校設置主体の多様化は，小・中学校設置基準を制定し，学校設置の規制緩和を行うことから始まった⁽⁹⁾。この小・中学校設置基準の制定の意図は，新たな立法化により学校設置を規制強化することではなく，逆に「私立学校を設置しやすいように，設置基準を明確化し，施設・設備の取得条件を緩和する」⁽¹⁰⁾ことにあった。実際，教員配備については「教育上必要と認められる場合は，他の学校の教員等と兼ねることができる」（小学校設置基準第6条③，中学校設置基準第6条③）と兼務規定が付加されている。また，（中学校の）教員定数についてもこれまでの「一学級当たり教諭二人」（学校教育法施行規則）を「一学級当たり教諭一人以上」（中学校設置基準第6条①）と改正されている。さらに，施設・設備について必要な面積基準が切り下げられ，その共有・借用も認められるようになった。

この小・中学校設置基準制定による学校設置の規制緩和は，「私立学校参入のための要件の緩和」であり，さらにいえば公立学校主義の学校制度を変容させる前提的な条件整備であった。実際，小・中学校設置基準の制定を強く動かした総合規制改革会議はその制定目的を以下のように主張している。

> 「私立学校の設置を促進することは，国民に特色ある教育サービスを提供する機会を増やすのみならず，地域内での学校間競争を通じて，公立学校のより良い学校づくりを進める契機を与える。また，公財政支出の見直しを図る中で，補助金配分にあたって保護者のニーズにこたえた教育サービスを提供する方向を示す。⁽¹¹⁾」

総合規制改革会議が意図したのは，明らかに私立学校設置の推進であり，さらにいえば義務教育の市場化を方法とする教育財政支出の削減であったといえよう。

学校設置の規制緩和を果たした国家は，次に企業やNPOが学校設置主体となるための方法を具体化していった。それは，構造改革特別区域法という特別法の制定により，「教育特区」において民間企業やNPOが学校を設置することであった。この構造改革特別区域法は「官制市場」を解体するため，規制改

革の「先行実験(区)」を設定し、現行法の規制を「治外法権」的に逃れることを特例的に認める特別法である。具体的には、学校教育法第2条の学校設置者の規制を免除し、企業やNPOが「学校法人」を設立せずに、直接に学校を設置できることを規定している。それは、教育における「一国多制度」の導入を意図した試みを通じてこれまでの学校制度の脱制度化を進行させる法であるといえよう。

　実際、「教育特区」では2008年3月1日現在(第16回特区認定)までに企業による学校設置が39件認定されている(12)。資格受験予備校や専門学校、さらに大手の塾等を経営する企業により、専門職大学院や大学(20校)・(通信制)高等学校(17校)・中学校(1校)・小学校(1校)が設置運営されている。これらの企業による学校設置には、本来私立学校の設置に求められる施設・設備や財産の所有(私立学校法第25条)、寄付行為の制定(第30条)さらに収益事業の制限(同法第26条)などの設置規制(基準)が免除されている。とくに、施設・設備の所有については「校地・校舎の自己所有を要しない小学校等の設置」の特例措置をあわせて申請し、従来の学校法人の私立学校設置の重圧を回避している。なお、NPOによる学校設置も構造改革特別区域法により認められているが、その認定申請の事例はない。ただ、学校設置を希望する多くのNPOは、実際には先に述べた「校地・校舎の自己所有を要しない小学校等の設置」の特例措置を利用し、「特区学校法人」として申請し、学校を設置運営している。これは、NPO立学校よりも学校法人立学校の方が私学助成や税制優遇措置を受けられるというメリットを重視したことを理由とする(13)。

　一方、公立学校の民間委託化については、公立幼稚園と公立高等学校を学校法人に委託することから開始された。これまで、公立学校の管理運営については、設置者である地方公共団体(教育委員会)が教育活動の事業主体として設置する学校を管理し、その運営に責任を負うことが学校教育の目的を有効に果たすという「設置者管理主義」と公費運営を「唯一最高のシステム」と考える設置者負担主義を理念としてきた。しかし、消費者・利用者の選択肢の拡大に応じた多様なニーズへの対応と公立学校改革の停滞のなかで、そうした設置者管理主義・設置者負担主義への見直しがなされるようになった。公立学校の民間

委託化は，民間の有する教育資源やノウハウを活用することにより，機動的かつ柔軟なサービスが提供され，多様なニーズに応じた特色ある教育を効果的に実現することができることが期待された。また，地方公共団体にとっても保護者や児童生徒に学校選択を広げ，既存の公立学校にも競争の刺激を与え，公立学校全体の質の向上が期待された。すでに，いくつかの地方において公立の幼稚園と公立高等学校の学校法人への民間委託化が進行している。

また，公立学校の企業への民間委託についても，構造改革特別区域法の改正により教育特区に限定して「公私協力学校」方式による民間委託化が「特区提案」として認められている。この方式は，地方公共団体と民間（企業）との連携協力に基づき運営される方式であり，地方公共団体と民間の協同による変形型の「協力学校法人」による私立学校となる[14]。直接に企業への公立学校の民間委託は，文部科学省の「抵抗」もあり教育特区においても認められていない。しかし，2003年に経済財政諮問会議が「骨太の方針2003」で提言して以降，企業への公立学校の民間委託を内容とする教育特区への「提案申請」は多く（第6次提案募集期，2004年11月17日までに73件の申請），さらに内閣府は継続して企業への公立学校の民間委託化を求めている。

一方，現在内閣府は，学校の民営化の改革路線を公立学校の民間委託化から「経営形態の異なる学校間の競争条件の同一化」すなわち「教育バウチャー」を求める方向に展開させている。この教育バウチャーは従来の機関補助の形式（教育予算や私学助成）ではなく，直接に個人補助の形式（教育金券の提供）により公教育費の財政運用を行う方式を意味する。しかし，これは単に新しい公教育費の財政運用の方式という次元を超えて，公私格差を解消し，企業サイドにとって学校の民営化の難問であった「私学助成」の取得を可能とする方法として期待されている。仮にこの教育バウチャー制度が導入されれば，この制度の背景に大きく公私間も含めた学校選択の自由の完全化があることから，公立学校の存在を大きく変える可能性がある。その時点では，学校法はこれまでの公立学校中心主義による「学校教育法」体制から私立学校を重視した「私立学校法」体制に変化する可能性が生じるといえる。

【篠原　清昭】

注
（1） 田中耕太郎『教育基本法の理論』有斐閣　1961年，67頁。
（2） 永井憲一編『基本法コメンタール教育関係法』（森田明執筆部分）有斐閣　1992年，20頁。
（3） 田中二郎「教育改革立法の動向（2）」『法律時報』19巻6号，13頁。
（4） 広田照幸「日本の教育と教育基本法改正問題」教育関連15学会共同公開シンポジウム準備委員会編『教育基本法改正案を問う』学文社，2006年，70頁。
（5） 斉藤純一「現代日本における公共性の言説をめぐって」佐々木毅・金泰昌編『公共哲学3　日本における公と私』東京大学出版会，2002年，34頁。
（6） 篠原清昭「序章　教育基本法の改正」篠原清昭編著『学校のための法学（改訂版）』ミネルヴァ書房，2008年，5頁。
（7） ルース・カプリング（loose coupling model）とは，本来官僚的組織に対抗する新しい組織観として提唱された組織モデルで，組織の緩やかな結びつきにみられるあいまい性が逆に柔軟な組織適応を可能にするという観点をもつ。
（8） 篠原清昭「第1章　学校経営改革の理論と思想と構造」篠原清昭編著『スクールマネジメント』ミネルヴァ書房，2006年，3-26頁。
（9） 詳細は以下の拙稿を参照されたい。篠原清昭「義務教育の市場化と教育の構造改革」『教育評論』Vol.663，2002年，アドバンテージサーバー，15-18頁。
（10） 2000年9月22日，教育改革国民会議「教育を変える17の提案」
（11） 2001年12月11日，総合改革規制会議「規制緩和の推進に関する第1次答申」（筆者の要約）
（12） 川口洋誉「教育特区における株式会社による学校設置と設置者の公共性」『季刊教育法』No.157，エイデル研究所，2008年。
（13） 谷口聡「教育特区における民間参入政策」『日本学習社会学会年報』第4号，日本学習社会学会，34頁。
（14） ただ，この方式は企業が直接に公立学校の運営委託を受けるものではなく，いったん「学校法人」の組織形態をとらなければならない。また，「学校法人」の形態をとりながらも，私学助成の適用対象にならず，結果的にパートナーの地方公共団体に財政負担を強いることから，多くの事業者はその申請に消極的であるといわれている。事実その「申請」は一件もない。

考えてみよう
1．近年の学校改革にかかわる主要な教育法規の改正にはどのようなものがあるか。
2．それらの教育法規の改正により学校現場にはどのような変化が期待されているか。また，それは可能だろうか。

参考文献

篠原清昭編著『学校のための法学(改訂版)』ミネルヴァ書房,2008年

佐藤晴雄監修・学校運営実務研究会編纂『教育法規[解体新書]』東洋館出版社,2007年

第4章 カリキュラムを核にした協働
——カリキュラム・マネジメントの3つの側面

1 自前の経営戦略，そのもとのカリキュラム・マネジメント

1 カリキュラムとPDSサイクル

　カリキュラム・マネジメントといえば，カリキュラムをPDSサイクルでとらえ，計画－実施－評価と展開をはかることと解されている。もちろん，そのとらえ方に修正を必要とするような大きな問題があるということではない。

　しかし，カリキュラム・マネジメントの考え方には，教育課程全体を通してとか，教育活動全体を通して，という見方や発想が含まれていることを注視したい。さらにいうならば，カリキュラムを核に教職員や組織の間での協働を促し生み出すカリキュラム・マネジメントをより重視したい。

　というのも，このような側面も理解しておかないと，ただ平板にPDSサイクルをとらえ，それを機械的にあてはめてカリキュラムの運用をはかってしまうことが心配されるからである。

　本章では，カリキュラム・マネジメントについて，とりわけ，協働を促すカリキュラム・マネジメントがどのようなものか，それを促す要因について言及することを課題としたい[1]。

2 公立学校にも経営戦略を

　ところで，公立の学校といえども，自前の経営戦略をもつことが問われるようになってきた。特色ある学校をめざし，教育目標の実現に向けて自主的・自律的な組織運営をはかろうとするならば，学校として経営戦略の策定が必要である。

学校の経営戦略とは，組織の存続発展を探る一連の発想と手だてを意味し，学校をとりまく環境の変化に対応して組織の有する諸資源の配分や配置を総合的に見定める考え方や方法をさす。この経営戦略は，学校の教育計画や経営計画などの作成をはじめマネジメント全般に影響を及ぼしている。

そのなかには，設定した教育目標の実現をはかるために，学習指導要領を基準にして教育課程を編成し，さらに，指導計画や単元の作成をはかり，授業を実施し，それら教育活動の成果を診断・評価する一連の営みとしてカリキュラム・マネジメントが存在する。すなわち，カリキュラム・マネジメントは，学校の経営戦略のもと，教育目標の設定に始まり，教育課程の編成，そして，実施や評価における一連の過程において，組織の諸資源の配分をはかることを通して，教育目標の達成をめざす学校の組織的な営みである。それは，学習や生活の指導にあたる教授・学習過程と組織運営にかかわる経営管理過程を結びつけ，学校経営上の中心的な位置を占めている。まさに，そのカリキュラム・マネジメントの営みは，学校のマネジメントそのものと多分に重なるといってよい。

3　カリキュラム・マネジメントをめぐる政府・自治体の取組み

ところで，このようなカリキュラム・マネジメントをめぐり，その知識や技法の学校への導入と定着の必要性が政府の審議会や地方自治体において，次のように説かれている。

中央教育審議会「初等中等教育における当面の教育課程及び指導の充実・改善方策について（答申）」(2003（平成15）年10月）は，「校長や教員等が学習指導要領や教育課程についての理解を深め，教育課程の開発や経営（カリキュラム・マネジメント）に関する能力を養うことが極めて重要である」と，カリキュラム・マネジメントの重要性について言及している。

ちなみに，独立行政法人教員研修センターにおける教員研修のプログラム（平成19年度中堅教員研修）をみると，カリキュラム・マネジメントに関する研修が，教育指導上の課題として，学習指導，総合的な学習の時間，生徒指導，道徳教

育，人権教育，特別支援教育，キャリア教育，国際理解教育，情報教育，ボランティア教育，健康教育，環境教育，実践研究，などのなかに位置づけられている。

　また，カリキュラム・マネジメントの手引書を作成した神奈川県立総合教育センターは，そのなかで，カリキュラム・マネジメントの重要性を述べている。すなわち，カリキュラム・マネジメントに関する知識や技法をそれぞれの教職員が身につけ，学校として組織的に推進していくことが，これからの学校づくりに欠かせないとして，次のように述べている。

　「学校を改革することを社会から求められている現在，校長のリーダーシップの下，教員が一丸となって自分たちの学校を改革していく時期に来ています。学校の教育活動を充実させるために，教員一人ひとりがカリキュラム・マネジメントを組織として積極的に推し進めていくことが，より良い学校づくりにつながっていきます」[2]と。

　カリキュラム・マネジメントは，このような教員の現状を見つめ直し，意識を変えていくことに期待がもてるという。すなわち，「カリキュラム・マネジメントによって，一つひとつの仕事が共通の大きな目標に向かってなされるようになり，その仕事が学校の教育活動全体の中でどのような意義や目的を持つかが明確となります。また学校の課題や目標の共通理解を図るためには話し合いが不可欠であり，教員同士のコミュニケーションが生まれます。教員が共通の目標に向かって協力して生き生きと仕事をしていることは，児童・生徒にも必ず伝わるはずです。教員が児童・生徒のために更に生き生きと働くことができる学校にするためにもカリキュラム・マネジメントが必要です。[3]」

　一方，今回の学習指導要領の改訂において，各学校においてカリキュラム・マネジメントの確立が求められたことも注目してよい。改訂の基本方針を示した中央教育審議会答申（2008年1月）（以下，「答申」）は，学校教育の質を向上させる観点から，PDCAサイクルの確立の重要性を指摘し，その確立を各学校に求めている。すなわち，各学校においては，「教育課程や指導方法等を不断に見直すことにより効果的な教育活動を充実させるといったカリキュラム・マ

ネジメントを確立することが求められる」と述べている。

このように，教育経営やカリキュラムの研究者の間で用いられてきたカリキュラム・マネジメントという用語が，政府の答申文や自治体の研修資料に取り入れられるようになったことは，この分野の実践や研究において一つの時期を画するものであるといって過言でない。すなわち，カリキュラム・マネジメントがより広まりのある用語として市民権を得られつつある。今後，その意義を実践を通してより確かなものにしていくことが課題といえよう。

2 カリキュラム・マネジメントの3つの側面

では，カリキュラム・マネジメントをどのようにとらえたらよいか。それは，学校の教育目標の実現に向けて，子どもや地域の実態をふまえ，カリキュラムを編成・実施・評価し，改善をはかる一連のサイクルを計画的・組織的に推進していくことであり，そのための条件整備である。この点を，次に3つの側面からとらえてみたい。

1 カリキュラムの PDCA サイクル

第1に，カリキュラム・マネジメントは，カリキュラムを PDS サイクルで動かす。すなわち，以下のように，カリキュラムを計画し，実施し，結果を診断・評価し改善に結びつけ，次への展開に生かす発想や手だてとしてとらえられる。

① 計画 (P) の段階として，カリキュラムマネジメントの基盤となるグランドデザインの作成がある。

② 実施 (D) の段階として，授業の展開が問われることになり，ここでは，学習指導の改善をめぐり，導入段階の時間の取り方，オリエンテーションの工夫，体験的活動の工夫，繰り返し指導の活用，各種メディアの活用，指導と評価の一体化，学習形態の工夫，学習環境の整備，個に応じる指導と一斉指導，などが取り上げられることになる。また，たとえば，TT と少人数指導による学習指導について，チームによる教育をはかる観点から，

習熟度による学習についての理解を深め，指導体制の工夫をはかり，各コース・グループに応じた指導法および学習材の開発などが求められることになる。さらに，ここでは，カリキュラム・マネジメントの質の豊かさを確保する観点から，学習と生活の一体化，「知識」と「体験」の一体化，学習および生活環境の整備など，さまざまな取組みが求められることになる。

③ 評価（S）の段階として，掲げた目標や提示したプランの達成や実現の程度が診断・評価されることになる。そして，その結果が学校改善に反映されたり，目標や計画へのフィードバックがはかられることになる。

なお，カリキュラムの自己点検・自己評価にあたって，次のような諸点があげられる[4]。

① 日課表への位置づけと授業時数の確保
② 授業を支えるソフト・ハード両面を中心とする環境の整備（年間指導計画をはじめ，教科書などさまざまな教材・教具，さらに施設・設備などの整備がこれに含まれる）
③ 教師の授業に関する知識・技術の習熟（校内研修などの実施をはかること）
④ 学校全体の組織的な取り組みや協力体制の整備
⑤ 教師集団のやる気および学校の組織風土などの育成
⑥ 家庭や地域社会の理解や学校に対する協力の獲得
⑦ 学力の形成

このようにカリキュラム・マネジメントは，一連のサイクルとしてカリキュラムの編成・実施・評価をとらえ，結果を改善に結びつけていく発想と手法なのである。

2 カリキュラム全体を通して，教育活動全体を通して

第2に，カリキュラム・マネジメントは，"カリキュラム全体を通して"，とか，"教育活動全体を通して"という考え方によって成り立っている。すなわち，各教科がそれぞれに展開することを超えて，カリキュラム全体として目標の達

成をめざす発想や手だてをカリキュラム・マネジメントは重視する。

今回の学習指導要領改訂では，教育課程全体を通した教育活動の求めとして，言語活動の充実などをあげている。それに，教科等を横断して改善すべき事項として，情報教育，環境教育，ものづくり，キャリア教育，食育，安全教育，心身の成長発達についての正しい理解，などもあげられている。

「答申」は，言語力を各教科等を横断して教育活動全体で育てる"力"として示し，教科等の知識・技能を活用する学習活動の重視を指摘し，各教科等の指導計画への言語活動の位置づけ，授業の構成や進め方の改善を求めている。すなわち，言語活動について，各教科等における取組みの充実とともに，それらの活動を教育課程に位置づけ，互いに関連づけるなどして学校の教育活動全体を通して推進をはかることを求めており，そのための手だてとしてカリキュラム・マネジメントが注目されているのである。

いずれにしても，カリキュラム・マネジメントは，"教育課程全体を通して教育活動を組織的・計画的に進め，教育目標をはじめ掲げる目標や方針の達成に迫る"という一連の発想であり手法である。すなわち，各教科等における授業がそれぞれ個別にバラバラになされることを超えて，互いの関係をはかり，教育課程全体として効果を高め，目標の達成をめざす。そのための発想であり手だてがカリキュラム・マネジメントなのである[5]。

3 "協働"を促すマネジメントとしてのカリキュラム・マネジメント

第3に，カリキュラム・マネジメントには，カリキュラムを核に教職員の協働を促す側面も含まれている。学校の組織の特性として，教職員それぞれが個々に分離する傾向を内在させている。学校の組織は，互いの「縄張り」には口をさしはさまないという暗黙の了解の上に成り立っているところがある。

先にあげた，カリキュラム・マネジメントのガイドブックをまとめた神奈川県総合教育センターのそれには，学校や教職員の現状について次のような一節がある。

「個々の教員はともすれば学級運営や自分の分掌等の仕事に取り組むことに

懸命となり，学校全体の使命や方向性にまで心を配れないこともあります。また，熱心に教育活動に取り組んでいるものの，学校づくりに参画しているという意識が十分に持てない場合もあるのではないでしょうか」[6]と。

　学校全体の教育計画としてのカリキュラムの存在については，多くの教職員にとって実感に乏しいとされている。あるいは，教科を束ねたものがカリキュラムといったところがせいぜいで，カリキュラムと教科，学年・学級経営には距離があり，学校全体の教育計画としてのカリキュラムが，多くの教職員に実感をもって具体的に意識されることはあまりない。

　このような学校の組織運営について改善をはかる1つの手だてとして，カリキュラム・マネジメントに関する知識と技法の導入と定着がある。

　カリキュラム・マネジメントは，カリキュラムと学年・学級を，あるいは，教科とを結ぶとともに，一人ひとりの教職員それぞれを結び，学校における"協働"をはかり，学年・学級経営や教科経営の質的転換を促す発想であり手だてである。すなわち，カリキュラム・マネジメントに関する知識や技法の学校への導入・定着が，学校の組織やマネジメントにもたらす効果を整理するならば，次の諸点があげられる。

　① 教職員が抱いている教育課程に関するイメージを豊かにする。
　② 授業や学年・学級経営に関する教職員の活動を，カリキュラムが掲げる目標の達成と結びつける。
　③ 校内における教職員の協働の核をカリキュラムに求め，協働文化の形成をはかる。
　④ カリキュラムへの計画・実施・評価を通して，教職員に学校経営への参画を促す。
　⑤ カリキュラム評価の結果をふまえて学校の改善をはかる。

　いずれにしても，カリキュラム・マネジメントは，学年・学級を，あるいは，教科を教育課程（カリキュラム）とつなぐとともに，一人ひとりの教職員をつなぎ，学校における"協働"をはかり，学年・学級経営や教科経営の質的転換を促す考え方であり手立てである。すなわち，自らの専門性を教科や学級・学年に置

く組織文化や，教科経営や学年経営の組み合わせを柱とするマネジメントのスタイルからの転換を促し，学校としての協働をはかる組織文化の形成をめざすのがカリキュラム・マネジメントである。

3 カリキュラム・マネジメントを機能させる

　そこで，カリキュラム・マネジメントをいかにして機能させるか，そのリーダーシップや条件整備のあり方が問われることになる。この点について，①カリキュラム・マネジメントを戦略的にとらえる，②協働して学校の全体的な"教育地図"を作成し共有する，③カリキュラム・マネジメントのシステムを整える，④学校文化に着目して協働文化の形成につとめる，⑤わが校のカリキュラム・マネジメントに関する診断・評価能力を高める，などについて取り上げ，以下に述べることにしたい。

　第1に，経営戦略としてカリキュラム・マネジメントを位置づけ展開をはかる。学校の裁量の拡大，自主的・自律的な学校経営，学校の自主性・自律性の確立は，カリキュラム・マネジメントの確立により担保される。すなわち，学校の裁量幅の拡大がはかられることによって，学校経営に占めるカリキュラムに関するマネジメントの位置が大きくなってきた。

　学校としてカリキュラムをめぐる教育政策の動きを受けとめつつも，必要以上に振り回されることなく，着実に展開をはかっていくために，経営戦略のもとにカリキュラム・マネジメントの推進をはかっていくことが大切である。

　学校は，実現をめざすビジョンを構築することが大切である。どのようなビジョンを描くことができるか。それが，学校の特色や教育の質に，さらには，カリキュラムマネジメントのあり方にも密接にかかわることからして，これからの学校づくりにとりわけ欠かせない。

　このグランドデザインを作成し実現をはかるために，経営戦略の構築にあたって，①大局的に，総合的に，②長期的に展望し，③広い視野をもって，といった視点が大切である。

　第2に，協働して学校の全体的な"教育地図"を作成し共有する。この全体

的な"教育地図"が，すでに述べたように，学校のグランドデザインであり，教育の全体構想である。これを構築するにあたって，まずは，校長のビジョン構築能力が問われるとともに，その作成への教職員の参画を促すリーダーシップの発揮が期待されるところである。

　このビジョンを一段具体化し，構造化したのがグランドデザインである。学校のグランドデザインは，さまざまな関係者の願いや期待をふまえ，各学校がめざす学校像や育みたい児童・生徒像を描き，その実現をはかるため，学校教育全体について課題と方策を考え，組織的に取り組む方向や内容を示した基本構想である。それは，学校の教育活動を展開する"地図"となり，目標に至る道筋を示すものである。

　その構築にあたって盛り込むべき要素として，たとえば，①学校の使命，②めざす方向，③学校の教育目標，④めざす子ども像，⑤めざす学校像，⑥本校の考える学力，基礎・基本，⑦本年度の重点目標　などがあげられる。

　なお，この種のビジョンやグランドデザインは，ただ掲げておくだけではあまり意味がない。これを教職員がどれほど共有するかが重要である。教職員それぞれがグランドデザインを理解し共有することによって，はじめて組織への浸透がはかられることになる。

　そのために，グランドデザインの作成をはかる段階から，教職員の参加・参画が配慮されなければならない。ただ，校長が描いたものをさし示すにとどまらず，教職員に作成にかかわらせることによって組織への定着をはかるのである。グランドデザインへの教職員の参加・参画を促す，校長，教頭，さらには，教務主任の指導力が問われることになる。

　第3に，カリキュラム・マネジメントのシステムを整える。教育課程委員会などカリキュラム・マネジメントを担う組織を設け，教務主任などの責任者を置き，そのリーダーシップのもとに推進をはかっていくことが大切である。また，この担当者や組織を核にして，関連する委員会，たとえば，研究推進委員会，広報委員会，地域教育委員会，学校評価委員会，など各種の委員会と連携をはかり，学校全体として機能させていく必要があり，そのシステムの設計と

運用の工夫が問われる。

　第4に，学校文化に着目し，その協働文化の形成に努める。教職員の間での"教育地図"の共有も協働文化を形成するための手だてということになる。また，協働へのポジティブな組織文化の存在が，"教育地図"の共有や組織への浸透を容易にするといってよい。

　この組織文化の形成にあたって，学年・学級王国，教科王国からの脱却を促す組織文化の形成こそ，カリキュラムマネジメントの成否のカギを握っているといってもよい。カリキュラムと教科や学級とを結び，学年・学級経営や教科経営を包括し，それらの質的転換を促すカリキュラム・マネジメントを機能させるにあたって，協働をはかる組織文化の形成に着目する必要がある。

　第5に，わが校のカリキュラム・マネジメントに関する診断・評価能力を高めることをあげておきたい。これは，学校評価における診断・評価能力と重なる。カリキュラム・マネジメントが適切に運用され機能しているか。また，めざす成果を生み出しているか。これらについて，診断・評価する能力を有することも，カリキュラム・マネジメントを機能させるにあたって欠かせない。教職員による自己診断・評価を中心に据えるとともに，保護者や地域の人々，さらには，第三者的な立場に立つ関係者や機関の力を借り，それらを組み合わせてカリキュラム・マネジメントをめぐる診断・評価能力を維持していく必要がある。

　そのためにも，まずは，教職員それぞれがカリキュラム・マネジメントを診断・評価する能力を獲得し維持することが求められる。

　学校評価の結果を学校改善に，すなわち，授業評価をカリキュラム評価に，カリキュラム評価を学校評価に，そして，学校評価を学校改善につなげていくことが大切であり，この過程には，それぞれにおける評価情報の組織としての分析と解釈，保護者のフィードバックなどの取り組みも位置づけられる。その際，しっかりとした診断が欠かせない。的確な状況の把握があって，はじめて評価することが意味をもつのである。診断することを確実に行うことが，学校評価を改善につなげる第一歩になることを確認しておきたい。　　【天笠　茂】

注

（1） 本章は，日本教育経営学会『日本における教育の行政と経営』(The Japanese Association for the Study of Educational Administration, Educational Administration and Management in Japan, Cengage Learning, 2008) の刊行に際して提出した「カリキュラム・マネジメントと学力」（和文）（未刊行）の一部をもとに加筆修正したものである。

（2） 神奈川県立総合教育センター『小・中学校の教員のためのより良い学校づくりガイドブック―カリキュラム・マネジメントの推進―』2007年3月，1頁。

（3） 同上，3頁。

（4） 天笠茂「学校・学級の経営」教師養成研究会『教育原理　九訂版』学芸図書，2008年，112-114頁。

（5） 天笠茂監修『改訂学習指導要領に対応した学校経営の展開（小学校編）』第一法規，2008年。

（6） 神奈川県立総合教育センター　前掲，3頁。

考えてみよう

1. カリキュラム・マネジメントの意義を考えてみよう。
2. カリキュラム・マネジメントによる学校づくりについて，その構想と方策をあげてみよう。
3. カリキュラム・マネジメントの推進のためには，どのような取組みをいかなる組織で進めていくか検討しよう。

参考文献

天笠茂編『特色ある学校づくりのための新しいカリキュラム開発④　学校間・学校内外の連携を進める』ぎょうせい，2004年

中留武昭・田村知子『カリキュラムマネジメントが学校を変える』学事出版，2004年

天笠茂『学校経営の戦略と手法』ぎょうせい，2006年

第5章　生徒指導と学校づくり

　1965(昭和40)年に，文部省(当時)は生徒指導に関する基本書であり，体系的な指導資料として『生徒指導の手引』を作成した。その後，1982(昭和56)年には『生徒指導の手引(改訂版)』が作成された。それらにおいて，生徒指導とは，「一人ひとりの児童・生徒の個性の伸長を図りながら，同時に社会的な資質や能力・態度を育成し，さらに将来において社会的に自己実現できるような資質・態度を形成していくための指導・援助であり，個々の児童・生徒の自己指導の力の育成を目ざすもの」とされた。

　改訂版が出されて以降，「非行の一般化」と言われるように，普通に見える児童生徒も問題行動に巻き込まれることが珍しくなくなり，いじめの問題やネット犯罪等を含めた生徒指導上の問題は，広い範囲にわたるようになった。しかし，それらの諸課題を網羅する資料を作成するのは容易ではなく，改訂版に替わる新たな基本書はなかなか提示されなかった。

　そして，ようやく2010(平成22)年に，文部科学省が完成させた生徒指導に関する基本書が，『生徒指導提要』である。『生徒指導提要』は，『生徒指導の手引』及び『生徒指導の手引(改訂版)』に比べ，容量も多く，より充実している。小学校・中学校・高等学校の児童生徒すべてを対象に，学校・教職員向けの基本書となっていることがその特徴で，できるだけ学校現場で活用してほしいという思いに基づいて，作成されている。さらに，発達障害やネットいじめなど，身近に話題となる具体的な課題についても触れており，一つひとつの課題について，教員や学校の間で共通理解が図られ，組織的・体系的な生徒指導ができるよう企図されている。

　『生徒指導提要』において，生徒指導とは「一人一人の児童生徒の人格を尊

重し，個性の伸長を図りながら，社会的資質や行動力を高めることを目指して行われる教育活動」であるとするとともに，「学習指導と並んで学校教育において重要な意義を持つもの」であるとされている。生徒指導は，学習指導とまさに両輪となるものであり，同時進行でなされる重要な教育活動なのである。

『生徒指導提要』の構成は，生徒指導の意義と原理，教育課程と生徒指導，児童生徒の心理と児童生徒理解，学校における生徒指導体制，教育相談，生徒指導の進め方，生徒指導に関する法制度等，学校と家庭・地域・関係機関との連携の8章から成っている。学校現場には，『生徒指導提要』を活用して，生徒指導の問題に積極的に取り組むことが，期待されている。

学習にふさわしい環境やそこに横たわる規律意識は，決して自ずと学校に存在するものではなく，積極的にまた戦略的に構築していくものである。本章では，学校づくりの視点からそのあり方を考えてみたい。

1 生徒指導体制

1 現在の指導体制

現在，生徒指導体制は図5.1に見るように，従来の「生徒指導（生活指導）」と1990年代以降重視されるようになってきた「教育相談」の2つの領域から成っている。

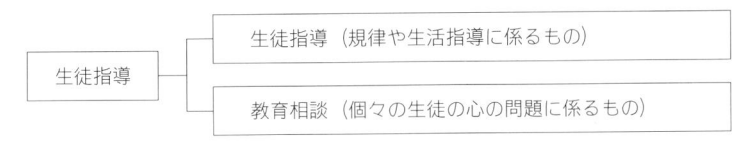

```
生徒指導 ┬─ 生徒指導（規律や生活指導に係るもの）
         └─ 教育相談（個々の生徒の心の問題に係るもの）
```

図5.1 生徒指導体制

具体的には，図5.2で示すように各学校において，「生徒指導（生活指導）」と「教育相談」が，両輪で機能するよう校務分掌が組まれ，それに適した人材を配置している。生徒指導の分掌としては，生徒会や部活動，保健・安全の領域まで含むことを忘れてはならないが，図5.2のK中学校での名称を用いれば，

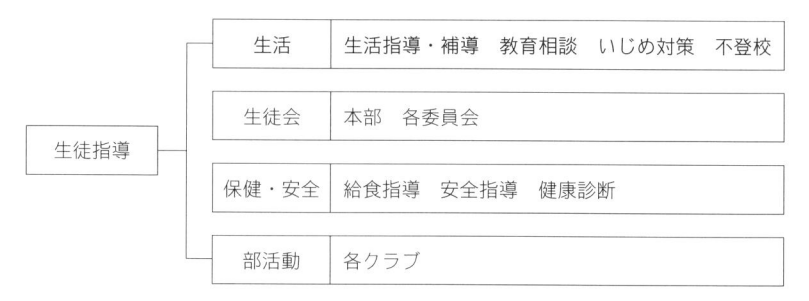

生徒指導	生活	生活指導・補導　教育相談　いじめ対策　不登校
	生徒会	本部　各委員会
	保健・安全	給食指導　安全指導　健康診断
	部活動	各クラブ

図 5.2　K 中学校の生徒指導に関する校務分掌

本章では「生活」の領域（太字の部分）を主に取り上げていることになる。

　では，生徒指導の核には誰を据えるのか。小学校では，教務主任あるいは担任を兼ねた教員が生徒指導主任等の名称で担うことが多い。中学校になると学校教育法施行規則第 52 条の 2 で生徒指導主事を置くことが認められており，多くの中学校では生徒指導主事を中心に組織が編成されている。同規則第 52 条の 3 で「校長の監督を受け，生徒指導に関する事項をつかさどり，当該事項について連絡調整及び指導，助言に当たる」と規定された生徒指導主事は，予防的生徒指導の設計・運営を日常行い，ひとたび問題が生じれば情報を収集し，管理職と協議のうえ，解決へ向けた見通しを提示し，教職員の役割をコーディネートする役割を担う。必要に応じて外部機関とのコーディネートを行う場合もある。生徒指導が有効にかつ円滑に機能するには，生徒指導主事に生徒指導の意義を十分に理解できる教員であるとともに，他教員からの信頼も厚い教員が就くことが望ましい。生徒指導上，全教員に共通理解をはかるコミュニケーション力が，その資質として必須なためである。

　さて，2008 年 4 月からは学校教育法第 37 条により，学校に，副校長，主幹教諭及び指導教諭を置くことができるようになった。これを受けて，より充実した生徒指導を実践するためには，従来から置かれてきた生徒指導主事を含め，各学校の実態に即してこうした新たな職を組織マネジメントの観点から位置づけ，さらに機能的な生徒指導が行えるよう，再編成していくことも可能である。

2　生徒懲戒と体罰

　2010年度は，国公私立の小中高等学校において5万4294件の暴力行為が発生したことが報告されている。そうした暴力行為に代表されるような深刻な事案に限らずとも，生徒指導を行うなかでは，生徒懲戒をともなうことがある。確認のためここに整理しておこう。懲戒とは，学校で教育目的を達成するために，学生・生徒・児童に対して科す制裁で，

　① 　法的効果をともなわない事実行為としての制裁
　② 　校長が行う退学，停学，訓告などの法的制裁

の2つがある。具体的に①としては，放課後教室に残す，授業中教室内に起立させる，学習課題や清掃活動を課す，当番を多く割り当てる，立ち歩きの多い児童生徒を叱って席につかせる等，が相当する。②として，高等学校では学校教育法施行規則第13条による停学・退学の制度がこれに相当する。ただ，公立の小中学校では停学・退学の制度を有しておらず，私立の小中学校に関しては，退学の制度のみがある。

　また，体罰に関しては学校教育法第11条で次のように規定されている。

> 学校教育法　第11条　校長及び教員は，教育上必要があると認めるときは，文部科学大臣の定めるところにより，学生，生徒及び児童に懲戒を加えることができる。ただし，体罰を加えることはできない。

　1879（明治12）年の「教育令」以来130年もの間，学校における体罰はおよそ一貫して禁じられてきた。ただ実態としては地域によって多少異なるものの「愛のムチ」「愛の手」として，体罰を容認する風土に支えられ，日常的に用いられてきた。とくに第二次世界大戦を中心とする戦時期においては社会のみならず学校の中にまで軍国主義が蔓延し，教員は国家の官吏として軍人らしく報いたためよりいっそう体罰は重用された。戦後においても，なかなかその慣習から脱することはできず，とりわけ昭和50年代に著しかった学校の荒れに対しては力をもって制圧しようとした学校も一部あった。しかし，近年は学校に対する市民やマスコミの視線が強化され，体罰を行使した教員が懲戒処分の対象となる事例が表面化したこともあって体罰の使用は激減している。ここで生

徒指導上確認しておかなければならない点は，体罰は法で禁じられているから使えないのではなく，体罰を使用すればいずれ児童生徒および保護者に不信感をもたらし，生徒指導が次第に機能しなくなるという体罰の負の効果である。この意味において，体罰は生徒指導のプロセスにおいて徹底して禁ずるべき行為である。ただ，その一方で，どこまでが懲戒（法的効果をともなわない事実行為としての制裁）で，どこからが体罰に相当するのかを機械的に判断することは難しく，教員は生徒指導を行うなかでジレンマに苦しむことも指摘されてきた。それに対して文部科学省は，1948年の法務庁法務調査意見長官回答「児童懲戒権の限界について」をふまえつつ，2007年に「問題行動を起こす児童生徒に対する指導について（通知）」のなかで，「学校教育法第11条に規定する児童生徒の懲戒・体罰に関する考え方」をまとめ，懲戒・体罰に関する解釈・運用についての考え方を示した。それによれば，有形力（目に見える物理的な形）の行使である殴る・蹴る等の身体に対する侵害については，当然これまで通りの見解であるが，有形力の行使以外の，授業中教室内に起立させる等の行為（①の法的効果をともなわない事実行為としての制裁の個所で先述）については，通常体罰には当たらないとした。また，児童生徒を教室外に退去させる等の措置については，遅刻や怠けたことを理由に教室から退去させ，指導を行わないままに放置することは，義務教育における懲戒の手段としては許されないが，他の児童生徒の学習を妨げるような場合には，当該授業に代わる指導を別途行うことを求めつつ，教室の秩序を維持するために，必要な間，やむを得ず教室外に退去させることは懲戒に当たらず，教育上必要な措置として差し支えないとした。なお，教員に対する児童生徒の暴力行為に対して，教員が緊急避難的に行った有形力の行使については，正当防衛・正当行為として，刑事上または民事上の責めを免れうるとしている。

3　出席停止

ところで，小中学校における懲戒の法的制裁は認められていないが，学校の秩序を維持するためのいわゆる秩序措置としては，改正学校教育法第35条に

よる出席停止の措置がある。

> 学校教育法第35条　市町村の教育委員会は，次に掲げる行為の一又は二以上を繰り返し行う等性行不良であって他の児童の教育に妨げがあると認めるときは，その保護者に対して，児童の出席停止を命ずることが出来る。
> 　一　他の児童に傷害，心身の苦痛又は財産上の損失を与える行為
> 　二　職員に傷害又は心身の苦痛を与える行為
> 　三　施設又は設備を損壊する行為
> 　四　授業その他の教育活動の実施を妨げる行為
> ②　市町村の教育委員会は，前項の規定により出席停止を命ずる場合には，あらかじめ保護者の意見を聴取するとともに，理由及び期間を記載した文書を交付しなければならない。
> ③　前項に規定するもののほか，出席停止の命令の手続きに関し必要な事項は，教育委員会規則で定めるものとする。
> ④　市町村の教育委員会は，出席停止の命令に係る児童の出席停止の期間における学習に対する支援その他の教育上必要な措置を講ずるものとする。

　しかしながら，実際の行使状況を見ると，表5.1のように出席停止は全国で年間50件程度しか行使されていない。平均して1都道府県に年1回程度という行使状況を見るかぎり，出席停止は最後の手段にしかなりえておらず，秩序措置として有効に機能しているとは言い難い。その理由としては，第一に出席停止期間中の計画と対応が教育委員会や学校に細かく求められるなど手続きが過度の負担となること，第二に出席停止を課すにあたっては保護者の理解が不

表5.1　出席停止の件数
(件)

年度 区分	'97年度	'98年度	'99年度	2000年度	'01年度	'02年度	'03年度	'04年度	'05年度	'06年度	'07年度	'08年度	'09年度	'10年度
小学校	1	1	0	0	0	0	0	0	1	2	0	1	0	0
中学校	50	56	84	55	51	37	25	25	42	58	40	45	43	51
計	51	57	84	55	51	37	25	25	43	60	40	46	43	51

(文部科学省初等中等教育局児童生徒課「平成22年度　児童生徒の問題行動等生徒指導上の諸問題に関する調査について」2011年，43頁)

可欠であるが，実際には当該生徒を家庭に帰したとて規範意識を育成する条件づくりが難しい家庭も多いこと，第三に出席停止は懲戒ではないものの，短い期間自宅に滞在させても行動の変容がみられないこと等があげられる。つまり，出席停止に踏み切るにあたって多大なエネルギーを注いだとしても，その効果は疑わしいというのである。それに加え，わが国の文化的風土が性善説的子ども観に包まれ，温和な児童観が主流をなしていることも，こうした措置を敬遠する一因となっているといえよう。

米国ニュージャージー州の学校法を参考にし1879（明治12）年という早い時期に学校での体罰が禁じられた点は評価できるものの，体罰廃止の後，わが国には諸外国に比べ明確な生徒懲戒制度が存在せず，生徒指導上の観点からは，検討すべき懸案事項の一つでもある。ただ近年はアメリカのゼロ・トレランス（寛容さなし）の概念が教育の場にも導入されつつあり，毅然と「ダメなものはダメ」とし，規範意識を形成していく具体的施策のあり方について今後の動向が注目されている。

2 支援体制

1 新たな支援

知られるように，問題をかかえる児童生徒に対して，学校には臨床心理士や精神科医，大学関係者等が担うスクールカウンセラーが設置されている。スクールカウンセラーの配置は1995年度からスタートし，当初154校に置かれたが，2005年度では約1万校の中学校へと拡大し，週に8時間勤務×35週の年間280時間を支援している。職務内容は，(1)児童生徒へのカウンセリング，(2)教職員に対する助言援助，(3)保護者に対する助言援助で，相談内容は友人関係や家族関係のことなどが中心である。

生徒指導にかかわる問題行動は今日においてさまざまなかたちで出てくるわけであるが，最近の特徴として，不登校やネットいじめ，薬物乱用等のように，反社会的というよりはむしろ非社会的な行動が目立っている。そしてその背後には，保護者による雇用不安や離婚の増加，児童虐待の問題等も見え隠れする。

こうした事態を受けて一例として大阪府教育委員会児童生徒支援課では，2005年度よりスクールソーシャルワーカー（社会福祉士等）を学校に配置する「スクールソーシャルワーカー配置事業」を実施している。文部科学省児童生徒課でも2008年度から「スクールソーシャルワーカー活用事業」を始め，全国141地域に配置されている (2008年度)。問題をかかえた児童生徒の背後にある家庭を視野に入れ，教育的分野の支援のみならず，福祉的分野の支援が開始されたことになる。

　子ども同士のトラブルとしては，近年「いじめ」の問題およびその対応が注目されている。文部科学省は，2006年に福岡県筑前町で起きたいじめ自殺事件をきっかけに，いじめの定義およびその調査法を見直した。それによればいじめは「当該児童生徒が，一定の人間関係のある者から，心理的・物理的な攻撃を受けたことにより，精神的な苦痛を感じているもの」と再定義され，教育現場には，個々の行為が「いじめ」に当たるか否かの判断を，表面的・形式的に行うことなく，いじめられた児童生徒の立場に立っていじめの調査を行うものとし，いじめの認知件数を報告するよう，体制を改めた。また，いじめの行為に対しては「いけないことはいけない」と毅然とした態度で，粘り強い指導をすることが強調された。2010年度に報告されたいじめの件数の合計は7万7630件である。ただし，こうした件数はいじめに対して向けられる社会全体の視線が強まったり弱まったりすることで増減するため，慎重に受け止めなければなるまい。

　このようないじめの問題やちょっとした人間関係のトラブルは「不登校」といった次なる段階へと至ることも多い。不登校は現在もなお減少の気配を見せず，2007年度で，小学生2万3926人，中学生10万5328人で計12万9254人，高等学校では，5万3041人に上っている（1991年調査より，年間50日の欠席から30日以上の欠席へと改められた）。これら不登校の問題は，現代的病ともいえる「ひきこもり」に結びつく傾向がみられ，無視できない事態となっている（不登校経験者の2割がひきこもりとなるなど，関連は強いと言われている）。学校は保健室登校等の別室登校を認めてきたわけであるが，近年では不登校支援の教員を加

配したり，教育委員会主催による適応指導教室の取組みも展開されている。

　また，不登校に対する先進的な取組みとしては，京都市の特区中学校の事例があげられよう。京都市教育委員会は，教育特区を利用し，不登校の子が安心して通える学校，京都市立洛風中学校 (2004 年) と京都市立洛友中学校 (2007 年) の 2 校を設立した。特区ゆえ，授業時間が少なく科目にも弾力性がもたせてあることから，時間割上もゆったりとしている。これら 2 つの学校は一時的に通う所ではなく，生徒は在籍校から転校して，卒業まで通うことができ，いわゆる公立のオルタナティブ・スクールとしてその役割を発揮し始めたところである。このような学校は，東京都八王子市や奈良県大和郡山市にもあるが，まだ少数でしかない。さらには，「いじめ相談ホットライン」「子ども相談」等の電話相談を設け，悩みの相談に 24 時間当たっている教育委員会等も多い。

　その他，児童生徒を支援するばかりでなく学校及び教員を支援するための相談体制も新たに始まっている。2007 年 8 月，京都市に「京都市学校問題解決支援チーム」が設立された。この組織は，いわゆる保護者からの無理難題要求等を含む苦情を訴える保護者と学校の間に立ち，ニュートラルな第三者的立場で保護者と学校をつなぐ役割をする。構成メンバーは，医師，弁護士，臨床心理学者，市民代表の専門委員 5 名と，スクールカウンセラー，警察官 (OB 含む)，教育委員会事務局 (首席指導主事等) 7 名の，合計 12 名 (統括は京都市教育相談総合センター所長) から成る。学校や教員が不当な要求を突きつけられることが多くなったいまの時代，教員の多忙感はますます増加の傾向にあるが，こうした支援チームがじっくりと苦情の内容を聞き，組織的に対応を行うことで，管理職も教員も安心して職務に集中することができる。いじめや不登校，さらには教員への不当な要求に関しては，学校独自に自主性・自律性のもとそれぞれ創意工夫しながら運営していくことが大切であるが，従来の枠組みだけでは解決が難しい事態も生じており，行政には，ニーズに即してこのような積極的かつ弾力性のある支援体制をとることが期待されている。

2　連携機関

　生徒指導上の問題行動には，なんらかの背景があることが考えられる。ある研究では，生徒指導上の問題行動を起こす場合，家庭環境の困窮や低い言語IQのレヴェル，LD・ADHDの疑い等，いくつかのリスクをもった児童生徒に生じやすいことが指摘されている。児童生徒自身が，高機能自閉症やアスペルガー症候群等，発達障害の問題をかかえていることも背後に見え隠れするのである。この点とくに教員は，発達障害であることによってその子どもが学校でいじめられるなどしていないか，あるいはその結果二次障害にあっていないかどうか注意しなければならない。二次障害とは，障害をもった子が必要な支援が受けられずに，過度に叱られるなどして自尊感情が低下し，いっそう好ましくない行為や問題行動を起こすことである。とりわけ軽度の発達障害は教師はもちろんのこと，他の子どもたちからも見えにくく，教員が障害に気づかないまま軽率に注意をするようなことがあれば，それを見ている他の子どもたちが「先生も言っているのだから」といじめに至ることも珍しくない。ただ，発達障害については特殊教育から特別支援教育へ転換がはかられたとはいえ，専門機関においてすらまだ判断や治療が難しい部分もあり，教員は刻々と進歩する医療の情報や適切な援助のあり方になかなか追いつくことができていない。このため，学校は組織として医療機関等の専門機関と連携しながら，対象となる児童生徒およびその周りにいる児童生徒に，適切にあるいは柔軟に対応する努力を怠ってはならない。

　また，家庭内で虐待を受けるなどして孤立した生徒が対教師暴力等の問題行動を繰り返し，他の児童生徒に影響が大きい場合，あるいは法に触れる行為が出てきた場合，学校が独自に生徒指導を行おうとしても，自ずとそこには限界がある。その場合は学校内の共通理解はもちろんのこと諸機関とも情報を共有し，連携しながら問題行動に対処していく必要が出てくる。

　ほかにも，家庭内の経済的な困窮やさまざまな背景から派生する問題行動が考えられるが，学校が連携すべき関係機関には表5.2に見るように，大きく分けて教育，福祉，警察，司法・矯正・保護の4つの側面を有する機関がある。

表 5.2　生徒指導上の連携機関

教育機関	教育委員会・教育センター・教育支援センター・大学など
福祉機関	児童相談所・市町村児童福祉課・家庭児童相談室・子ども家庭支援センターなど
警察機関	警察署・少年サポートセンターなど
司法・矯正・保護機関	家庭裁判所・少年鑑別所・児童自立支援施設・児童養護施設・少年院・保護司など

（文部科学省国立教育政策研究所，同，6頁を参照し作成）

　生徒指導体制は，先に図5.1や図5.2でも見たように，通常校務分掌で組織化されている。ただ，注意を要するのは組織化されていることと機能しているということは別の次元のことであるということである。実態を見るととりわけ小学校においては実際の対応がやや鈍いような感を受ける。小学校では児童が身体的にまだ小さいことや精神的にも幼い面が残っていることから，担任だけで，あるいは学校内だけでなんとかしようとして問題をかかえ込んでしまい，結果的に問題がより深刻化するケースも珍しくない。学校が各機関と積極的に連携し，それぞれの機関から知見を得ながら，組織として判断し対応していくことはなんら恥ずべきことではなく，児童生徒の将来を見据えれば，学校が果たさねばならぬ責務でもある。これら連携機関とともに生徒指導上の問題を解決していくマネジメント力やコーディネート力が今，生徒指導体制には求められているのである。

　それは同時に，教員が生徒指導にかかわることによってバーンアウト（燃え尽き）してしまわないような組織マネジメントのあり方とも自ずと重なってくる。生徒指導のなかでは，児童生徒の家庭環境や発達，反応が一様ではないことから，真摯に取り組む教員ほど神経をすり減らし，疲労し，バーンアウトに至る危険にさらされる。最近では，携帯電話が普及し，教員個人の携帯電話に朝早くから夜遅くまで，相談や苦情が舞い込み，教員が疲労困憊しているという事例もある。組織をマネジメントする際には，教員の過重な負担について考量することも必要である。教員が疲れきった学校で，活気に満ちた雰囲気やよい規律は期待できまい。

3 生徒指導上の困難が改善した事例

　では具体的に，学校内における「規律」の維持や「規範意識」の醸成を図るにはどうしたらよいのか，学校経営のなかに生徒指導をどう組み入れていくのか，日々出くわす問題行動にどのように対応したらよいのか，保護者や地域・関係機関等との連携はどうすべきなのか。学校によっては，表面的な生徒指導上の問題が顕著な学校とそうでない学校があろうが，いずれにしてもそれぞれの学校はそれぞれの実態に即して組織的に取り組む必要がある。ここでは，生徒指導上の困難が著しかった2校の事例を取り上げ，改善へ向けた戦略や戦術を具体的に検証してみよう。

1　事例研究──A中学校

　関西地区に位置するA中学は，2004（平成16）年ごろをピークに校内暴力等の問題行動を頻発した。生徒による対教師暴力に加え，喫煙や校舎の屋根に登る等のため，地域からも通報や苦情が続いたが，当時の管理職は明確な生徒指導上の戦略を示さず，警察等外部との連携にも積極的でなく，結果的に事態の改善は見られなかった。そこで市教育委員会は2005年度に約半数の教員を入れ替え，校長・教頭の管理職も含めた大幅な人事の刷新を行った。

　この刷新の結果，校長の強力なリーダーシップのもと，まずA中学の管理職及び教員がA中学校教員チーム（以下，チームA）という1つの組織として結束することができた。改善へ向けてまず，チームAは学校の物理的学校環境に目をつけた。当時，校内は雑然・殺伐として，廃棄物が校内に野放図に置いてあり，汚い印象がしていた。生徒はそうした廃棄物を蹴ったり，あるいはそれに乗るなどして遊び，怪我をする場面が目立った。そこで早速，廃棄物を撤去し，繰り返し割られる体育館のガラス窓は鉄板に替えた。同時に，スクールミドルの教員を中心に，パトロールを兼ねながら校内のゴミを拾い，トイレ掃除も教員が率先して行った。いわば，これが最初の戦術である。

　次に，チームAは休み時間に目をつけた。問題行動は通常教師の目の届か

ないところで起こる。つまり，休み時間や放課後に発生する。問題行動の防止には他者すなわち教師の目が必要である。また，子どもの実態を「知るため」には生徒を見ておくことが重要である。そこで，チームAは中学校とはいえ教員が休み時間を生徒と過ごすことをしてはどうかと考えた。教員は休み時間はゴミを拾いながら校内を見回り，教室で次の授業の準備をし，授業開始のチャイムが鳴るときには教室にいることを徹底して実践した。また，校門には朝から常時教員を常置し，とにかく人の目を校内に配置した。最初，生徒は自分たちが見張られていると感じたようである。しかし，教師が同じ目線で生徒と付き合い，何気ない話をするうち，教師がそばに存在することで生徒に安心感を与える結果となり，トラブルは激減した。

さらに，生徒指導を行うにあたって，チームAは力を用いず，対話による指導を行うことを徹底した。理由は学校教育法第11条の体罰の禁止のみに拠るわけではなく，もし力を用いればそのことで，ただでさえ強い保護者の学校不信をさらに確固たるものにしてしまうと考えたからである。

一方，生徒には「集団行動ができる，目を見て話が聞ける，挨拶ができる，生活習慣の確立」など，基本的な点に特化して指導を開始すると同時に，学習指導については「基礎学力の向上」をめざしておもしろい授業を展開・提供するよう努めた。授業の流れに時間の無駄が出ないよう，計画的な授業を行っていくにつれ，生徒は自分のすべき課題が自然と見えるようになってきた。生徒は自分がやるべきことが目に見えてわかってくると，自ら学習に取り組むようになり，彼らの姿にも少しずつ変化がみられ，学校は次第に落ち着いてきた。

ただ，問題行動は現在もなくなったわけではない。時によっては，学校で解決できない重大な事件も起きる。その際，チームAは，警察署や家庭裁判所，児童自立支援施設，少年院等の諸機関を，指導や更生のための機関として有効に利用すべしと考え，連携を厭わない。そこには，「社会で許されないことは，学校でも許されない」「学校にあるいは教師にもできないことはある。しかし，それを放置し，悪いことを悪いと教えず，生徒を社会に出すことはしてはならない。その場合は積極的に関係機関に協力をお願いしよう」との立場をとる。

学校が荒れる原因はいろいろあろうが，その背景には地域や保護者から学校が見放されていることも多い。たとえば，教師の暴言や人権侵害，体罰が横行すれば，生徒は不満の気持ちをもって卒業し，卒業生の住むその地域に学校や教師へ向けくすぶった気持ちが充満する。それが校区の子どもたちに伝わり，子どもたちは入学前から学校に対して敵意をもってしまう。こうした場合，いくら学校が生徒指導を行おうとも，生徒や保護者からはすべて学校の対応が悪いという否定的な見方しかしてもらえず，理解は得られない。そうしたことをふまえて，チームＡはまず着実な対話重視の指導を日々重ね，その結果を授業公開を通して，保護者に知ってもらい，理解してもらうよう根気強く生徒指導を展開した。以前は少なかった保護者による授業参観者もいまではずいぶん増えたという。

　荒れる前からずっとＡ中学にいる教員ＴやＮは，当時の厳しい状況を振り返って，「崩れるにふさわしい気の緩みと組織の弱さが教員や学校にあった。校内暴力や学校崩壊が起こる原因は生徒にではなく，自分たち教師にあった」と分析する。実は，教員ＴもＮも荒れる前から熱心に生徒指導を行う教員であった。ただ当時は，校長のリーダーシップ不足や教員の危機意識の弱さから１つのチームにはなれなかった。同時に，ひとりの教員ＴやＮではなく，チームとして臨まないかぎり，生徒指導には限界があるということにも気づけなかった。

　強力な校長のリーダーシップとスクールミドルが意欲的に支えることで始まった新しい生徒指導体制も，いまでは生徒指導主事を中心に相互批判しながら自主性をもって運営されている。顧みれば，新鋭チームＡの戦略は，まずチームになることから始まったといえる。先述したいくつかの戦術は，管理職を含めた教員が，１つに組織化できたことによってはじめてなしえたことである。チームとして団結できるかどうか，すなわち組織的に行えるかどうかが生徒指導成否の鍵となることが当事例から見て取れよう。

　落ち着きを取り戻したＡ中学に対しては，市教育委員会も評価し，賞賛と敬意を表した。行政がその努力を正当に評価することも教職員の生徒指導をバ

ックアップし，教員のモラールを高めることにつながっている。

2　事例研究——B中学校

　関西地区に位置するB中学校は，1998年ごろを中心に廊下を自転車が猛スピードで通過する，授業中と休み時間の区別がつかぬほど各教室から落ち着かない話し声がする，対教師暴力が頻発する等，学校の荒れに苦しんだ。
　そこで，当時の管理職および教員は「生徒自身が輝けるよう我々はその仕掛けを作ろう。そして教員が頑張っている姿を生徒に示そう」と考えた。結果的に方向性をもった戦略であったが，実は当時の管理職および教員には改善策を計画的に考える余裕などなく，荒れる生徒を目の前にスクールミドルの教員を中心に「とにかくできることをやろう」ということから始めるしかなかった。具体的には，生徒が体を動かせるように文化祭等の行事をいくつも企画し，とりあえず組み入れていった。子どもを部活動等で多忙にすることは非行防止上，意味をもつことは，ハーシ（Hirschi, T.）によっても指摘されてきたが，B中学では学校行事を次々と実行に移していった。つまり，具体的な戦術は，学校行事を多くして子どもたちを動かし，満足感を感じてもらうことであった。ただし，そうした行事を実行に移すには学校単独では限界があり，地域の協力を得ながら，地域を巻き込んでいくしかない。しかしそのエネルギーを要するプロセスのなかで，褒められることの少なかった生徒が地域の方から褒められることを経験し，褒められることで満足した生徒は意欲的になり，自分が他者から必要とされているという自己有用感を高めることとなった。
　現在，廊下を走る自転車の姿は見られず，授業中は授業に集中する姿が当たり前のようにみられる。それと同時に，学力が確実に向上していることが学力試験の数値でも確認された。ある教員は「教室が静かでしょう。以前はそんなこと考えられないことでした」と振り返る。もちろん，行事が多いということは教職員の負担も多く，いわゆる慢性的多忙感にもさらされる。教職員は，忙しいことを負担に感じる一方で，それゆえこの学校が現在のように生き生きとしていることを十分自覚している。このため，教室で授業を行う教員の顔には

充足感とゆとりが感じられる。

　学校を運営するうえで生徒指導上重要なことは，プリベンション（予防）的見地から，よい「規律」を構築することであり，そのためによい雰囲気（climate）を積極的に意図的にそして組織的に形成することである。では，具体的にどうやってそれをつくり上げるのか。実際には生徒の実態や置かれた学校の状況によって異なる。ただし，当事例で見たように，地域を活用しながら学校行事を学校経営の一環として位置づけ，生徒指導と絡めていく戦略には示唆が多いといえよう。昨今，地域は解体したととらえられがちで，とくに新興住宅地にあっては，旧住民と新住民が価値観の違いから衝突を生じ，それが子どもの荒れの背景となっていることも多い。しかし，発想を変えて自校の周りに存在する地域を見つめれば，豊かな人材や自然すなわち地域に独自のリソース（資源）が横たわっているはずであり，それを生かさない手はない。学校の荒れを学校だけで治すことはむしろ不可能に近い。B中学の事例にみるように，学校内の組織マネジメントにとどまらず，周りにあるリソースを生徒指導にコーディネートする力こそが今求められているのではないだろうか。

おわりに

　発達の最中にある子どもたちは，学校生活において悩み，喧嘩もする。とくに思春期にある子どもたちは，多感な割にコンフリクト（葛藤）を取り扱うことには不慣れで，そのためのスキルも乏しい。それが，ある場合にはいじめとなり，不登校となる。またある場合には，破壊的な方法をとり，非行として表出したりもする。

　しかし，周知のように生徒指導はそうした問題行動を起こす者のみが対象ではなく，全児童生徒が対象である。本章の事例でも見たように，トップリーダーたる校長のもと，スクールミドルの教員を中心に，日々，自校の子どもたちが生き生きと学校で過ごすことができるよう，適宜マネジメントを見直し，組織（チーム）として取り組んでいる学校では，結果としてよい「規律」が構築されている。そしてそこには後追いを中心とする治療的生徒指導から先行して取

り組んでいく予防的・開発的な生徒指導へとパラダイムを転換した軌跡がみられる。学校づくりへ向けて，まずは自校の教員，そして自校の周りにあるリソースをじっくりとみつめてみよう。
【片山　紀子】

考えてみよう
1. 校内で生徒のエスケープや対教師暴力が頻発している。同時に，生徒指導に対する保護者からのクレーム（「たばこなんて他の生徒も吸っている」という反論等）も，学校に対して頻繁に寄せられている。どのように生徒指導体制を立て直せばよいか。
2. 学校のなかで，生徒による薬物（大麻）の売買が行われていることがわかったが，学校としてどのような対応をとる必要があるか。また，関係機関とはどんな連携をする必要があるか。
3. 不登校の生徒が急に増えてきたが，生徒指導上どこに問題があると思われ，どのような改善策をとる必要があると考えるか。

参考文献
小島弘道編『生徒指導主任の職務とリーダーシップ』東洋館出版社，1997年
角田豊編，片山紀子・内田利広『生徒指導と教育相談』創元社，2009年
片山紀子『アメリカ合衆国における学校体罰の研究』風間書房，2008年
片山紀子『入門　生徒指導』学事出版，2011年
文部科学省国立教育政策研究所生徒指導研究センター『規範意識をはぐくむ生徒指導体制』東洋館出版社，2008年
北神正行・高橋香代編『学校組織マネジメントとスクールリーダー』学文社，2007年
忠井俊明・本間友巳『不登校・ひきこもりと居場所』ミネルヴァ書房，2006年
Hirschi, Travis『非行の原因』（森田洋司・清水新二監訳）文化書房博文社，1995年
〔生徒指導にかかわる近年の文部科学省による通知〕
2001（平成13）年4月「少年の問題行動等への対応のための総合的な取組の推進について」
2003（平成15）年7月「児童生徒の問題行動等への対応の在り方に関する点検について」
2006（平成18）年6月「児童生徒の規範意識の醸成に向けた生徒指導の充実について」
2006（平成18）年6月「非行防止教室の推進を通じた児童生徒の規範意識の育成について」
2006（平成18）年10月「いじめの問題への取組の徹底について」
2007（平成19）年2月「問題行動を起こす児童生徒に対する指導について」ほか

第6章　学級・ホームルーム経営

　1990年代後半から2000年代初頭までの一時期，学級をめぐる問題として「学級崩壊」がセンセーショナルに取り上げられた。「授業中，大声でアニメの主題歌を歌ったり，机の上を走り回ったりする子がいます。紙飛行機が飛び，悪口のメモが回り，床にはノートや鉛筆，下敷きが散乱しています。先生は表情を失っています」[1]と描写された学級崩壊は，教師にとってもまた世間にとっても，学校教育の危機と受けとめられた。そのため，その原因探しと解決策の模索が，マスコミにかぎらず研究者や行政機関によっても，教師，子ども，家庭，学校，教育制度など広い領域にわたって行われた。それほど，学級の秩序が維持できない状態というのは，目に見える大きな問題として扱われていた。

　では，最近はどうだろうか。学級崩壊は一時期ほどの大きな注目を浴びなくなっている。これは学級崩壊が克服されたことを示しているのであろうか。いや，そうではないようである。「強制的に子どもが学齢に達すると参加しなければならない「学級」自体が，教師の指導の善し悪しとは関係なく，生徒に多くの緊張をもたらすようになっている」[2]という指摘にみられるように，学級は潜在的に緊張状態をかかえており，それゆえに学級崩壊はむしろそれなりの確率で起こって当然であるという，やや冷静な受けとめへと変化してきている様子がうかがえる。

　学級崩壊が顕在化する以前は，学級の秩序を維持することがそれほどに困難であるということは，世間の理解を得られる話ではなかったといえる。しかし，全国から数多くの学級崩壊事例が報告された結果，そして，その原因探しに奔走した結果，学級崩壊が教師の指導力不足のみを原因とするわけではないこと，また，その背景には数多くの要因が複雑に絡み合っていることなどが，はから

ずも世間に知れ渡ることになった。学級が学級として成り立っているのは，実はそんなに当たり前のことではないということが，多少なりとも世間に知らされることとなったのである。

　学級は教師が何の努力をしなくても自然に集団としての秩序を保ちえるものではなく，秩序を保ちそのなかでの学びを促そうとする教師の工夫と努力があってこそ成り立つ。こうした教師による学級づくりの努力と工夫の連続が，学級経営の内実を端的には表しているといえよう。こうした学級経営について，本章では，「学級」誕生の歴史，学級の特質，学級経営の実際，学級経営を担う教師などを取り上げながら，より具体的に見ていきたい。

　ところで，ホームルームとは，アメリカなどの中等教育における教科担任制や科目選択制を背景に創設されたものであるとされ，「教科学習の集団を class と呼ぶのに対して，教師と生徒，生徒同士の人間関係を深め，学校生活にかかわる集団活動を行う場をホームルームと称した」[3]という。つまり，ホームルームは，学習するための集団ではなく人間関係を深めるための集団であるとされ，同質的ではなく異質なメンバー構成をとることによって多様な人間関係を築くことがめざされた。しかし，その概念が輸入された日本では，その意義が定着せず，現在ではほぼ学級と同様のものと解されている。そのため，実態として，主に教科担任制をとる中学校や高等学校での在籍学級をホームルームと呼び，ホームルーム担任によるホームルームの運営をさしてホームルーム経営と呼んでいる。その職務については，小学校で見られる学級担任による学級経営と多くの共通点を有することから，本章では，とくに学級経営に焦点を当てて論を進めていきたい。

1 「学級」の歴史

　現在の学級編制の標準は，「公立義務教育諸学校の学級編制及び教職員定数の標準に関する法律」第3条で次のように定められている。「公立の義務教育諸学校の学級は，同学年の児童又は生徒で編制するものとする。ただし，当該義務教育諸学校の児童又は生徒の数が著しく少ないかその他特別の事情がある場

合においては，政令で定めるところにより，数学年の児童又は生徒を一学級に編制することができる」。このように，学級は原則として同学年の子どもで編制することとなっている。この学年・学級制は現在では当たり前となっているが，日本で近代学校教育制度が発足した当初は，学力に基づいた等級制が採用されていた。つまり，等級制は，「学級」の誕生によって学年・学級制に移行したのである。

1872（明治 5）年 8 月に発布された「学制」によって，日本の近代学校教育制度はスタートした。このとき，国民すべてが小学校に就学すべきことが定められ[4]，翌 9 月に出された「小学教則」では，小学校教育の教育課程が定められた。そこでは，学力水準に応じて子どもを配置する「等級制」(grade) が採用されていた。等級制は，下等小学 4 年間と上等小学 4 年間（計 8 年間）をそれぞれ 8 級から 1 級までに区分し，各級の標準学習期間は 6 カ月で，試験によって進級していくこととしていた。そのため，試験に合格しなければ，その級に留まり続けるといったものであった。

その後，法令上，「学級」という言葉が最初に登場したのは，「小学校ノ学科及其程度」(1886 年) であるが，現在の学級 (class) につながる定義が示されたのは，1891（明治 24）年の「学級編制等ニ関スル規則」においてである。そこでは，学級は「一人ノ本科正教員ノ一教室ニ於テ同時ニ教授スヘキ一団ノ児童ヲ指シタルモノニシテ，従前ノ一年級二年級等ノ如キ等級ヲ云フニアラス」のように説明され，等級制とは異なる編制原理であることが明示されている。また，ここでは，1 学級が 1 学年の児童によって編制されることとされており，学級制と同時に学年制が成立するきっかけともなった。

この時期に「学級」が登場することになった背景として，学校施設整備に関する財政難と教員不足がある。1886（明治 19）年の小学校令で不十分ながらもあらためて就学義務規定が，1890 年の第二次小学校令で市町村の学校設置義務規定がそれぞれ設けられるなど，子どもの就学環境が整えられていこうとしていたが，それに見合うだけのお金と人があるわけではなかった。つまり，少ないお金と教員という状況のなかで，効率よく多くの子どもに教育を提供する

ための仕組みとして「学級」は誕生してきたのである[5]。

　このようにして誕生した「学級」の大きな特徴として指摘されているのは，「学級制は，単に学力をつけるだけでなく，人格の形成機能（訓育）を内在させたものであり，学級は，それを育成する単位としての役割をになわされていた」[6]という点である。つまり，学級は，当時の財政難や教員不足を背景として，効率性や合理性を備えたシステムとして導入されたという面もあるが，こうした財政的事情だけではなく，訓育面において集団生活や集団行動の果たす役割が重視されるようになっていった結果のシステムとしてもとらえることができる。学級活動がしばしば集団的規律を重視して語られる傾向は，現在においても健在であるといえるが，その源流は，「学級」の誕生当初にすでにあったといえる。

2　学級の特質——学習集団としての学級，生活集団としての学級

　学級には，学習集団としての側面と生活集団としての側面がある。上述の学級の誕生の経緯をふまえれば，学級がこれら2つの側面を有することは理解されよう。しかしながら，1つの学級が，学習集団としても生活集団としても子どもにとって最適な環境となりうるかどうかについては，必ずしも保障されているわけではない。むしろ，日本の学級は，生活集団としての側面をより重視されながら発展してきたといえる[7]。たとえば，次の調査結果（表6.1）は，そうした一端を示すものとなっている[8]。

　これによると，学級編成を行う際に配慮されているのは，「問題行動のある子どもの配置や担任教員との関係」（小学校：54.7%，中学校：80.7%）と「「いじめ」等に配慮した，子ども同士の関係」（小学校：52.2%，中学校：78.8%）であり，教師と子ども，子どもと子どもの人間関係が，学級を編成するうえでもっとも重視されていることがわかる。そして，これらを重視する割合は，「教科毎の「習熟度」」（小学校：27.8%，中学校：27.2%）をはるかに上回っているのである。このように，学級は，学習集団としての側面よりも生活集団としての側面のほうが，実態としては重視されている。

表6.1　学級編成の仕方　　(小学校＝1,763校，中学校＝829校)

学級規模（学級数）		1-5	6-11	12-17	18-	全体
教科毎の「習熟度」	小	4.3	21.3	41.6	44.9	27.8
	中	13.2	29.7	32.0	31.3	27.2
「いじめ」等に配慮した，子ども同士の関係	小	7.2	35.8	85.1	86.5	52.2
	中	27.1	89.1	93.8	93.2	78.8
問題行動のある子どもの配置や担任教員との関係	小	11.5	36.1	89.6	89.8	54.7
	中	27.1	93.7	94.6	94.0	80.7
クラスとしての体育や音楽会等の総合力	小	3.2	17.6	37.8	34.4	23.2
	中	16.8	52.8	44.0	44.7	41.7
保護者同士の関係や担任教員との関係	小	2.5	9.6	29.3	34.5	17.8
	中	4.8	13.2	16.8	19.4	13.6

(浜田博文「教授―学習組織」，堀内孜編著『学校組織・教職員勤務の実態と改革課題』多賀出版，2001年，170頁より)

　学級は授業を行ううえでの基礎単位である。とはいえ，一斉教授と学年制を前提にしているため，そもそも学習面において子ども個々の学力差にきめ細かに対応できるものとはなっていない[9]。つまり，学級は，個人の学力形成においては，個別対応という方法を当初よりある程度放棄して成り立っているものといえる。この点について，たとえば，榊原は次のように述べている。

　　「年度単位で編成・固定される学級組織を前提とするために，生活指導が教科指導に対して基本的に優位してきた。とりわけ全科担任制を基本とする小学校において，教授効率を高めることはあくまでも学級集団としてのまとまりを維持・発展させる，少なくとも阻害しない限りで追求されるのである。たとえば，他の生徒たちより高い能力をもつ生徒は，「みんなで勉強する」ためにしばしば退屈な授業を我慢したり，「教えることでさらに学ぶ」からと，理解・習得の遅い生徒への対応を求められてきた」[10]。

　一斉教授が個別対応を困難にするという事情に加え，生活集団としての側面が重視されて，学級内での子どもの能力差を顕在化させないようにする力がはたらくことによって，ますます学級は学習集団としての色あいを薄くすることになっていく。

生活指導というと、係活動や班活動を通じて集団のなかでの自己の役割を認識させたり、クラス運営での当事者意識を養ったり、学校行事や学級活動などを通じてクラスメートとの仲間意識をはぐくませたり、といったことが思い浮かぶであろう。実際に、これらのさまざまな活動を通して、社会性や集団的規範、人間関係の築き方などを学ぶことが期待されている。しかし、それだけでなく、上述のように、集団としてのまとまりを学ぶことは、教科指導の場面においても日常的に行われているのである。

このように、「教科指導の対象はあくまでも個人で、それと同時に集団的統制を強化すること」を求める学級の存在は、「教員だけでなく児童生徒にとっても極めてアンビバレント」[11]なものとして特徴づけられる。こうした学級がもつ学習集団としての限界を補うものとして、能力別学級編制やティーム・ティーチングなど指導組織の工夫が試みられてきたが、これは、学力面での個別性に対応することと引き換えに、他方では、生活集団としての学級の一時的解体を引き起こすものとなっている。

3 学級経営の理論と実際

1 学級経営の理論

日本で最初に学級経営の著作が著されたのは、澤正『学級経営』（1912年）であるとされる。それまで、学級経営という用語すら使用されていなかったなかでこの著作が登場したことに、当時はたいへんな注目が集まったという。澤の主張の特徴は、「当時において支配的であった法規適用主義学校管理理論に対決して、学級経営の主体性の確立を主張」[12]したところにあるという。このような澤の学級経営論は、「学級経営を行なう場合は学校経営の方針を志向しなければならないと説いている」[13]ことから、「調和論的学級経営論」[14]としてとらえられている。以降、多くの論者によってさまざまな学級経営論が展開されていくが、それらを主要な立場で区分すると、次のようにまとめられる[15]。

学級王国的学級経営論（清水甚吾『学習法実施と各学年の学級経営』1925年、手塚岸衛『自由教育真義』1922年）、共同社会学校的学級経営論（北澤種一『学級経営原

論』1927年），地域社会学校的学級経営論（武田一郎『学校学級経営の基本問題』1949年），生活綴方教育的学級づくり論（宮坂哲文『生活指導と道徳教育』1959年），集団主義教育的学級づくり論（宮坂哲文『集団主義教育の本質』1964年），である。

　また，これらによって多かれ少なかれ影響を受けたその後の学級経営論については，下村は次のように分類している[16]。①学級経営・機能論（学級経営を条件整備の観点からとらえ，機能とみる立場。宮田丈夫『新訂学級経営』1970年，吉本二郎『学年・学級経営』1979年），②学級経営＝経営主体活動論（学級経営を，学級教育から教科指導を除いた特別活動と条件整備であるとみる立場。古島稔『学級担任の責任』1980年，細谷俊夫『教育方法（第3版）』1980年），③学級教育＝学級経営論（学級経営を学級教育と同一視し，教科指導・特別活動・条件整備としてとらえる立場。宮坂哲文『学級経営入門』1964年），である。

　このように，学級経営をいかなるものととらえるかは，論者によって，視点によって異なっている。現在では，学級経営は，「学級の組織的な諸条件を学校教育目標を具現化する立場から，企画・整備・調整する活動である」[17]という定義にみられるように，学級経営に教科指導を含むのかどうかといった点を直接的な論点とするのではなく，学校経営の全体計画や学校教育目標とのつながりのなかで，それらを学級という単位で実施，実現していくための組織的な努力として考えられている。

2　学級経営の内容

　学級経営にはさまざまな定義の仕方があるが，学級担任にとっては，自分たちが日々授業以外で行っていることはすべて学級経営だ，という意識があるかもしれない。あるいは，授業ですら学級経営の一環だといえるかもしれない。それほど，学級経営とは，学級担任にとって日常的な行為であり欠かすことのできない努力であるといえる。

　では，実際に，学級経営とはどのようなことを行うのであろうか。たとえば，佐藤は，学級経営の実際として次の7項目をあげている[18]。

　　①　学級目標の設定：いわゆる「学級のきまり」や「クラス目標」などと

呼ばれる学級目標を年度当初に設定する。学級目標の設定は，学校目標や学年目標を具体化したものであると同時に，当該学級の児童生徒の実態に即したものでなければならない。

② 児童生徒の理解と人間関係の改善：学級内の児童生徒の性格や学力，家庭環境，行動特性などを十分把握し，席替えや班分けなどの工夫により彼らの人間関係を良好にするよう努めることである。

③ 学級指導と学級活動の実施：朝の会（ショートホームルーム＝SHR）や帰りの会の実施，学級活動の指導，学習態度の指導，給食指導など学級内の活動を担当し，また児童生徒の事故や問題行動の処理にもあたる。

④ 教室環境の整備：教室内の机のレイアウト，児童生徒の作品や時間割等の掲示，動植物の飼育と栽培，共用教材・教具の管理，照明設備の点検，教室内の設備の安全性の確認などを行う。

⑤ 学級事務の処理：出席簿による出席の確認，指導要録の記載，通知表の記入，学級費等の会計処理などを行う。

⑥ 保護者・PTAとの連絡・協力：学級の児童生徒との連絡，学級懇談会・保護者会の開催，個人面談の実施，家庭訪問の実施，学級だよりの発行，PTA行事等への参加と協力などを行う。

⑦ 学級経営の評価：学級経営案の作成とそれに基づいた学級経営評価を行い，当該年度の達成状況を確認するとともにその結果を次年度に生かす。その評価は自己評価や校長による評価などの方法がとられたりする。

また，天笠は，次の9項目が学級経営に含まれるとしている[19]。

① 学級経営案などの作成（学級目標の設定，学級経営案の作成，週案など諸計画の作成）
② 児童生徒理解（毎朝の健康観察，観察法・テスト法などの手法）
③ 個の指導（個性を生かす指導，教育相談・個人面談，学校不適応への対応，問題行動への対応，ほめ方・しかり方，など）
④ 集団の指導（集団思考や話し合いの指導，学級集会のもち方，など）
⑤ 評価（テストの仕方，通知表の作成，など）

⑥　学習環境の設計（コーナーの作成，壁面の活用，など）
⑦　学級事務（学級会計，諸帳簿の作成，各種教育情報の管理，など）
⑧　家庭とのコミュニケーション（保護者会，家庭訪問，学級通信の作成，個別面談，授業参観，など）
⑨　学年・学校経営への参加（学年教師との協力，各種校務の分担，諸会議への出席，など）

このように，学級経営には，教室のウチを整えることと教室のソトとの関連をはかることとの2つの側面があるとされるが，多くの学級担任は，後者の教室のウチとソトとを結びつけるというノウハウについては，十分に習得していないという。そのため，こうした技術の習得が学級担任にかかわる課題であると指摘されている[20]。

教室のソトが見せる変化はよりスピードアップしてきている。従来，学校や教師と保護者や地域住民という，四者関係としてとらえることで事足りていた教室のウチとソトとの接点は四者にとどまらなくなってきており，教室の中で行われる諸活動に対して，多様な立場の人たちがかかわるようになってきている。

それらの人たちのかかわり方は，大きくは次の2つに分けられる。1つは授業者として，もう1つは意思決定者としてである。前者は，同僚教師だけでなく，ALT，社会人非常勤講師，ボランティア，特別な配慮を必要とする子どもの指導支援者などが，1つの授業を行う際の共同指導者として登場している。そのため，授業計画などの立案や遂行，評価の過程で，彼らとの協働を視野に入れる必要が生じている。

また，後者は，近年では「ステイクホルダー」と称されるようになってきているが，学校や学級との間でなんらかの利害関係を有する者である。教室内での諸活動は必ずしも教師と保護者との了解のみによって展開されるわけではなく，教育改革の動向や学校間の競争，学校運営協議会の意思や学校評価の結果など，教育する側－される側の直接的な当事者を超えたところにある多様な利害に注目する必要が生じている。そのため，自らの学級に向けられた期待や要求，果たすべき義務や役割などをいかに的確に把握できるか。この点が，いま

の時代の学級担任には求められている。

4 学級経営と学級担任

1 学級担任の力量形成

　学級担任という役割は,「教科担当と共に教師としての出発点になるばかりでなく,同時に経験年数を積み重ねても,学校内で重要かつ複雑な職位や役割を担うようになっても,教師としての役割の基底部に在りつづける」[21]といわれるように,教師の基礎経験として重視されている。そのため,教師の力量形成の観点から見ると,教職経験の初期にいかに学級担任としての力量を身につけるかは,その後の教職生活や力量形成を大きく左右するものといえる。

　安藤は,教師の力量形成に関する多くの調査研究が,教職経験の初期に習得が期待されている力量として,次の3つを共通にあげていることを明らかにしている。すなわち,「学級経営に関する力量や指導技術」,「教科の内容に関する知識や授業の方法に関する力量」,「生徒理解や生徒指導に関する力量」である[22]。このうち,とりわけ学級担任という点に焦点を当てると,1つめと3つめの力量が重視されることになる。1つめの力量とは,「①効果的,効率的な教育指導を目指すこと,②集団生活への適応や社会化という教育の目的と,子ども一人ひとりの個性や自主性を生かし,育てるという教育の目的とを調整し,バランスよく取り込むこと,③学級内での様々な活動を,教育的に価値のあるものとして意味付け,子どもに伝えること」ができることである。3つめの力量とは,「①子どもとの相互作用を成立させること」と「②一つひとつの出来事に対して,適切な〈行為－行為者－状況〉マトリックスの読み取り,将来の予測,反応を見通した意思決定ができる」ということである[23]。

　このように,教師には多様な力量の形成が求められているが,では,それらの力量を教師はどのように形成していくのだろうか。この点について,山崎は,小・中学校の教師約1400人余りを対象に行った長期にわたる調査の結果を集計して,教師が力量を形成する機会として次の2つを重要な契機ととらえてい

ることを明らかにしている⁽²⁴⁾。それは、「教育実践上での経験」と「学校内でのすぐれた人物との出会い」である。「教育実践上での経験」とは、「さまざまな問題を抱えた子どもたちと出会うことをきっかけとしてそれまでの指導の方法や考え方に変化が起こっていったこと」を意味し、「学校内でのすぐれた人物との出会い」とは、「先輩教師などの助言やアドバイスをきっかけとしてそれまでの実践のあり方・質に変化が起こっていったこと」を意味している。

　たとえば、「教育実践上での経験」では、障害児や問題行動児、不登校児、外国人児童などのように、「さまざまな問題を抱え、周りとは異なった特徴を持った子どもたちとの初めての出会い」によって、「子どもを「ひとかたまりの集団」ではなく「一人ひとりの個性ある存在」として捉え、対応すること」の重要性に気づき、「子どもを既成の枠組みや尺度に当てはめて見るのではなく、常に子どもの表れの事実に基づいて、一人ひとりの子どもを「柔らかな目で見つめ」、「柔軟な姿勢で対応する」こと」が必要であることを、教師たちは摑んでいっている。また、「学校内でのすぐれた人物との出会い」では、「「実践者としての力量が豊かな」、「一個の人間としてスケールの大きさを感じさせる」、「教師が働きやすい・力を発揮しやすい職場環境を作る」上司や管理職など」、いろいろな点で「すぐれた」先輩教師や同僚教師、管理職などとの出会いが、実践の質を引き上げる契機となっている。山﨑によると、これら2つの契機は、新任期にある教師ばかりでなく、一定の教職経験年数を経ている教師にとっても、また男性教師にとっても女性教師にとっても、同様に重要な契機として認められたという⁽²⁵⁾。

2　反省的実践家としての教師

　教師は新任期から多様な力量の形成を求められ、かつ、その力量は教職経験を通じて常に高めていくことが求められている。上述のように、その力量形成にとって、「教育実践上での経験」と「学校内でのすぐれた人物との出会い」が大きな意味をもつということになれば、教師は日常的に力量形成のチャンスに恵まれているということになる。とりわけ、ほとんどの教師にとって、教育

実践は日々の職務のなかで大きな割合を占めるものであることから，どの教師にとっても，力量形成はそう難しいことではないようにも見える。

しかしながら，実際には，さまざまな問題をかかえた子どもとの出会いや優れた教師との出会いがあったとしても，それらが必ずしも教師の力量形成に結びつくとはいえない。というのも，これらの機会が力量形成に結びつくためには，それぞれの機会がもつ意味に気づき，教師が自らの指導法や実践法を振り返り見つめ直す必要があるからである。こうした反省的実践家としての振り返りのプロセスがそこにともなわなければ，どんな機会も自らの力量を高めるきっかけとはならないといえる。佐藤は，反省的実践家 (reflective practitioner) としての教師像について，技術的熟達者 (technical expert) としての教師像と比較しながら，次のように説明している。

技術的熟達者としての教師像は，「専門性の基礎を専門領域の科学的な知識と技術の成熟度に置き，教師の専門的力量を教科内容の専門的知識と教育学や心理学の科学的な原理や技術で規定する考え方に基づいている」のに対し，反省的実践家としての教師像は，「教職を複雑な文脈で複合的な問題の解決を遂行する文化的・社会的実践の領域として設定し，教師の専門的力量を，教育の問題状況に主体的に関与して子どもと生きた関係をとり結び，省察と熟考によって問題を表象し解決策を選択し判断する実践的な見識に求める考え方を基礎としている」。つまり，反省的実践家として教師をとらえるならば，その専門的力量は，「所定の科学的原理や理論的知識や合理的技術の習得にとどまらず，それらの原理や知識や技術をレパートリーとして活用して展開される実践的状況における「省察 (reflection)」と「熟考 (deliberation)」の「実践的見識」」に求められるのである(26)。

教師が常に一定の指導枠組みをもって，その枠組みのなかで子どもをとらえようとするのではなく，子どもをとりまく背景や文脈が多様であることを前提として，そのうえで子どもがもつ多様性を読み解き，適した指導方法を探ろうとする省察と熟考の態度があれば，自らの力量を高めるために，問題をかかえた子どもや異なる特徴をもつ子どもとの出会いを待たなくても，現に担任する

学級の子どものなかにある小さな多様性との出会いも，力量形成の機会とすることができる。学級担任にとって，学級の子どもそれぞれがもつ小さな多様性にいかに気づけるか，そしてその多様性にいかに応じられるかは，自らの力量形成の観点からだけでなく，子どもの学びを支援するという観点からも重要となってくる。

　以上，学級経営について，その内容や教師の役割などを見てきた。学級経営は学級担任の創意と工夫によって，多様な形を見せるものである。小学校ではとりわけ顕著であるが，各学級の教室を順に眺めて歩いたとき，明らかに学級ごとに雰囲気の違いを感じることができる。それは，子どもたちの様子であったり教室内の掲示物や装飾の違いであったり，あるいはまた，学力や問題行動といった点での差であることもある。こうした違いが学級経営の違いを象徴的に表しており，また，学級経営の成果を部分的に表すものとなっている。自分がどのような学級経営を行っているのか，また，どのように行っていけばよいのかについて，学級担任は常に考えていなければならないが，その際，子どもたちの様子を見るだけでなく，他の学級担任や学年主任などの意見も積極的に聞く必要がある。昨今，学校評価を前提とした学校経営や学級経営が取り組まれ始めているが，大がかりな外部評価によるだけでなく，まずは日常的な実践やかかわりのある教師同士との連携のなかで，小さな評価プロセスを積み重ねていくことが，学級経営をより良くしていくために求められるといえよう。

【臼井　智美】

注
（1）　朝日新聞社会部編『なぜ学級は崩壊するのか―子ども・教師・親200人の体験と提言―』教育史料出版会，1999年，10頁。
（2）　柳治男『〈学級〉の歴史学―自明視された空間を疑う―』講談社，2005年，15頁。柳は，学級を海外旅行などのパックツアーグループと比較しながら，学級が，いかに子どもにとって長期にわたる拘束的状況と解せるかを論証している。学級とは，子どもの自発的な参加の意思がなく，カリキュラムや教授活動が行われる時間や空間などの細かな点に至るまで事前制御され，それが長期にわたり，これらの制御に対する子

どもの自己了解がなく，顧客である子どもの側が教師から評価される，そういう場であるという。
（３）　大石勝男「ホームルーム活動」『新版 現代学校教育大事典』6巻，ぎょうせい，2002年，152頁。
（４）　就学義務規定は設けられたものの，学制の諸規定が現実とあまりにかけ離れていたことから就学率は伸びず，実際に内実を伴う就学率となるのは，1900年代に入ってからのことである。
（５）　こうした，当時の「学級」の背景にあった財政難と教員不足という事情を，志村は過大学級という視点から明らかにしている。志村廣明『学級経営の歴史』三省堂，1994年，2-6頁。
（６）　同上書，1頁。
（７）　遠藤は，日本で「規則的学級編制替え（クラスが）」の慣行を支える基本的動機として，「学級間の平均化」と「人間関係問題の解決・調整」の2つがあげられるとしている。「学級間の平均化」は，教師の能力や資質の格差による教育成果の不平等や，受け持つ学級によってもたらされる教師間の職務の不平等感を解消することを意味しており，保護者や教師がもつ平等意識がその背景にあるとされる。一方で，「人間関係問題の解決・調整」は，「学級内の困難な人間関係からの解放・脱出であると同時に，別の面から見れば，新しい，もしかしたら「豊かな」人間的出会いをもたらすかもしれないという考え方」に基づいたものとされる。後者の考えからは，学級編制替えが集団の中での人間関係を重視して行われていることがうかがえる。つまり，学級が人間関係を学ぶ生活集団として重視されていることがわかる。遠藤忠「わが国の小学校における学級編制替え慣行の意義と成立について」桑原敏明編著『学級編制に関する総合的研究』多賀出版，2002年，61-65頁。
（８）　浜田博文「教授－学習組織」堀内孜編著『学校組織・教職員勤務の実態と改革課題』多賀出版，2001年，169-170頁。
（９）　山﨑は，小・中学校の教師が新任期に経験する「リアリティ・ショック」のなかでもっとも大きなものは，「子どもの能力差」が入職前の予想よりもとても大きいとわかる点であることを明らかにしている。そのため，新任教師はこうした能力差に応じた指導を行うことの難しさに悩むことになるという。山﨑準二『教師のライフコース研究』創風社，2002年，277-286頁。
（10）　榊原禎宏「学年・学級経営論の構成と課題」『日本教育経営学会紀要』第42号，第一法規，2000年，4頁。
（11）　同上書，5頁。
（12）　宮田丈夫「学級経営の系譜」宮田丈夫編著『学級経営の理論と実践－学級経営集大成－』明治図書，1969年，30頁。
（13）　同上書，31頁。

(14) 宮田丈夫『新訂 学級経営』金子書房，1970年，3-7頁。
(15) 同上書，7-32頁。
(16) 下村哲夫『学年・学級の経営』第一法規，1982年，3-12頁。
(17) 学級経営研究会『学級経営をめぐる問題の現状とその対応－関係者間の信頼と連携による魅力ある学級づくり－』(平成10・11年度文部省委嘱研究『学級経営の充実に関する調査研究』最終報告書) 2000年，2頁。
(18) 佐藤晴雄『教職概論(第1次改訂版)』学陽書房，2003年，88-89頁。
(19) 天笠茂「教育改革と学校・学級経営の改善」天笠茂編著『学校改善と学級経営』ぎょうせい，1994年，16-17頁。
(20) 同上書，17頁。
(21) 安藤知子「学級担任－学年主任の基礎経験－」小島弘道編著『学年主任の職務とリーダーシップ』東洋館出版社，1996年，91頁。
(22) 同上書，91頁。
(23) 同上書，101頁。
(24) 山﨑，前掲書，335頁。
(25) 同上書，154-160頁。
(26) 佐藤学『教育方法学』岩波書店，1996年，137-138頁。

考えてみよう
1．学級とはどのような場であるのか，子どもの成長の観点から考えてみよう。
2．特別な配慮を必要とする子どもが学級にいる場合，学級担任はどのような学級経営を心がける必要があるのか考えてみよう。
3．学級経営上の留意点について，学校経営や学年経営とのかかわりのなかで考えてみよう。
4．学級経営を行ううえで，学級担任はどのような人たちと連携や協力をする必要があるのか考えてみよう。
5．学級経営を評価する方法にはどのようなものがあるのか考えてみよう。

参考文献
「岐路に立つ学級経営」『日本教育経営学会紀要』第42号，第一法規，2000年
桑原敏明編著『学級編制に関する総合的研究』多賀出版，2002年
志村廣明『学級経営の歴史』三省堂，1994年
柳治男『〈学級〉の歴史学－自明視された空間を疑う－』講談社，2005年
山﨑準二『教師のライフコース研究』創風社，2002年

第7章 少人数教育と学校経営

1 少人数教育の視点

　基礎学力の向上，個を生かす指導充実，学力の向上に関する学校への期待や，ADHD児，LD児など特別支援教育を要する子どもへの対応などの教育問題の克服は，学校教育が迫られている今日的な課題である。これに対する有効な手立てのひとつとして注目を浴びるのが，少人数教育であろう。

　少人数教育とは，一般的には①「1学級あたりの子ども数」が現行40人を下回る基準で学級編制がなされる「少人数学級編制」と，②加配教員を活用するなどしながら，習熟度別指導，ティーム・ティーチング（以下，TT），コース別指導を行う「少人数指導」の双方をさしていう。この少人数教育をもって教育の充実，改善をはかっていくことがねらいである。

　ただ，個々の学校で少人数教育を行う条件が整備されても，それがただちに子どもへの効果につながるとはかぎらない。

　そのため，少人数教育について考える際には，多角的なアプローチが必要になる。つまり，「少人数教育を実施し，学校の中で何らかの条件が変容し，結果として子どもの教育効果につながった」という視点をもつことが重要である。

2 学級編制・教職員定数制度の特徴と実態

1 学級編制・教職員定数の制度の特徴

　まず，少人数教育の基盤となる学級編制・教職員定数制度の概要についてふれておこう。①学級編制とは，学校における学習や生活のために児童生徒を一定人数の集団に編制することである。この「一定人数」には上限が設けられて

おり，これを国が標準として規定している（義務標準法第3条）。また，この標準に基づいて都道府県教委が「基準」を設定し（同条），これに基づいて市町村が学級編制を行う（同法第4条）。②さらに，国が規定した学級編制標準に基づいて算出された教職員定数を確保するための財源を保障するため，教員給与費の一部を国庫負担としている。

　この仕組みの意義を知るためには，義務標準法が施行された1959（昭和34）年当時の状況を振り返っておく必要がある。すなわち，ひとつには「すしづめ学級」「二部授業」などの「不正常授業」の是正＝教育環境の整備が求められていたし，ふたつには各自治体によって学級編制・教職員定数の状況が異なることから生じる教育条件の格差の解消＝教育の機会均等の保障が求められていた。こうした課題を解決し，学校教育の質的向上を図るためには，全国一律的・標準的な学級編制・教職員定数を規定する仕組みが必要であったのである。この仕組みは，実態としても課題解消に極めて有効に機能してきた[1]。

　他方，1998年中央教育審議会答申「今後の地方教育行政のあり方について」においては，こうした学級編制・教職員定数の仕組みに関し，次のような指摘がなされた。教育行政による「些末な関与」があるため，とくに市町村レベル，学校レベルでは弾力的・自律的な学級編成・教職員配置ができない，というものである。

　現行制度では，上に示したような仕組みを維持しつつ，地域や子どもの実態に即して自治体レベルで弾力的で自律的な取り組みが可能となるように制度改正が進んでいる。具体的には，①都道府県による学級編制基準の弾力的運用（義務標準法（第3条）），②教職員定数について都道府県レベルでの裁量拡大（総額裁量制導入）（義務教育費国庫負担法），③市町村費負担教職員任用（市町村立学校職員給与負担法），④学級編制に関する市町村教育委員会の裁量拡大（児童生徒の実態を考慮した学級編制を市町村教委が行う）（義務標準法（第4条）），⑤市町村教育委員会が学級編制を行う際に必要な都道府県教育委員会の同意を届出制に変更（義務標準法（第5条）），がある。

　また，以上のように学級編制に関する地方裁量の高まりの中で，国レベルで

の改善も進んでいる。まず，小学校第 1 学年に限定して学級編制標準を 35 人に引き下げた (2011 年)。最近では文部科学省が「子どもと正面から向き合うための新たな教職員定数改善計画案 (H25〜29 年の 5 ヵ年計画)」(2012 年) の中で，2013 年からの 5 年間において，総数 27,800 人の改善を実施する計画を示したことに注目が集まった。①公立小中学校において「35 人学級」を実現するため，学級規模適正化定数 19,800 が計上され，2013 年度時点で小学校第 2 学年の 35 人学級が実現している。②個別の教育課題に対応した教職員の配置の充実 (学力・学習意欲向上支援，インクルーシブ教育システム構築に向けた通級指導など特別支援教育への対応，外国人児童生徒等への日本語対応，小学校における専科教育の充実，学校・地域連携等の取組への支援，いじめ問題への対応など学校運営の改善充実，教員の資質向上に対する支援) のため，8,000 人の定数改善が盛り込まれた。

図 7.1　2013 年から 2017 年までの教職員定数改善

背景・趣旨	・学校が抱える様々な課題を解消し，きめ細やかで質の高い世界最高水準の教育を実現するため，教員が子どもと正面から向き合うことができるよう，少人数学級の更なる推進と個別の教育課題に対応した継続的な教職員定数改善が必要不可欠。 ・各都道府県教育委員会に対し，教職員定数についての将来にわたる予見可能性を持たせ，計画的・安定的な教員採用・配置を可能とするためには，国による計画的な教職員定数改善が必要。			
内容	改善総数 27,800	1．35 人以下学級の推進など学級規模の適正化　　(19,800)		19,800
		2．個別の教育課題に対応した教職員配置の充実　　(8,000)	①学力・学習意欲向上支援	1,700
			②インクルーシブ教育システム構築に向けた通級指導など特別支援教育の充実	2,900
			③外国人児童生徒等への日本語指導	500
			④小学校における専科教育の充実	600
			⑤学校・地域連携等の取組みへの支援	600
			⑥いじめ問題への対応など学校運営の改善充実	1,600
			⑦教員の資質能力向上に対する支援	600
			※既存の研修等定数を合理化減	▲500

(文部科学省 (2012)「子どもと正面から向き合うための新たな教職員定数改善計画案 (H25〜29 年の 5 ヵ年計画)」をもとに作成)

2 学級編制の実態

上記のように，学級編制に関して地方における自律的・弾力的な制度運用が可能になった。それでは，これを受けた地方における学級編制の実態について整理する。

(1) 都道府県レベルの状況[2]

(ア) 少人数学級編制　文部科学省[3]によれば，法改正直後の2001年時点では，学級規模縮小に取り組む都道府県は10であったが，その後，数が激増し，2010年時点ですべての都道府県でなんらかの学級規模縮小政策を導入しているという状況となった。表7.1は，2012年度の状況である。各都道府県では実情に応じた弾力的な制度運用が行われているととらえられる。

表7.1　2012年度において国の標準を下回る学級編制を実施する都道府県

学年区分＼編制人員	30人	31～34人	35人	36～39人	実態に応じて実施	実施している都道府県の純計
小・第1学年	13	3	0	0	6	19
第2学年	12	3	35	0	7	47
第3学年	2	3	17	2	6	29
第4学年	2	2	16	2	7	28
第5学年	1	2	9	3	7	21
第6学年	1	2	10	3	7	22
中・第1学年	5	3	28	1	7	41
第2学年	0	3	11	1	6	21
第3学年	0	3	10	1	6	20
実施している都道府県の純計	14	6	41	4	9	47

・小学校第1学年においては35人未満，小学校第2学年以上においては40人未満で実施しているものを計上。
・全県的な措置ではなく，実態に応じた個別の措置を講じている県については，「実態に応じて実施」の欄に計上。
・同一学年でも学級数等により編制人員の取り扱いが異なる場合には重複計上。
・全県的な措置を講じている場合でも，学年で1学級の場合には，40人（小学校第1学年は35人）標準のままとするなどの例外措置を設けているところもある。
（文部科学省 (2012)「公立義務教育諸学校の学級規模及び教職員配置の適正化に関する検討会議（報告）」資料編）

(イ) 少人数指導　表7.2の整理に即せば，少人数指導においても各都道府県の判断により弾力的な制度運用がなされているととらえられる。また，学校・市町村レベルの判断により，少人数指導を展開することを促す都道府県も見られる。いずれにしても，実情に応じた指導を重視した制度運用状況であるととらえられる。

表7.2　少人数指導の取り組み状況

	実施学年	取組教科			取組を行っている指導形態				学習集団の人数
		3教科	5教科	その他	T.T.	習熟度別	習熟度別以外	混合	
北海道	全学年	○						○	教科等により様々
青森	学校の判断		学校の判断					○	教科等により様々
岩手	全学年	○						○	教科等により様々
宮城	小：3-6 中：2-3	○						○	20人程度
秋田	全学年	○						○	教科等により様々
山形	全学年		○					○	教科等により様々
福島	小：3-6 中：2-3		○					○	教科等により様々
茨城	全学年		市町村の裁量					○	教科等により様々
栃木	全学年	主に小：算・国・理，中：英・国・数			○	○	○	○	教科等により様々
群馬	小：5-6 中：2-3	小：算，中：数						○	30人程度
埼玉	全学年		○					○	教科等により様々
千葉	全学年	教科限定せず，全教科で実施			○	○	○	○	教科等により様々
東京	全学年		○					○	教科等により様々
神奈川	全学年	○			○	○	○		教科等により様々
新潟	小：3-6 中：1-3	○			○	○			教科等により様々

2　学級編制・教職員定数制度の特徴と実態

	実施学年	取組教科			取組を行っている指導形態				学習集団の人数
		3教科	5教科	その他	T.T.	習熟度別	習熟度別以外	混合	
富　山	小：3-6 中：1-3	○			○	○	○	○	20人程度
石　川	小：3-6 中：1-3			小：算・理，中：英・数・理				○	教科等により様々
福　井	小：3-6	○			○	○（同一学級分割）	○（同一学級分割）		20人程度
山　梨	小：3-6 中：1-3	○			○				30人程度
長　野	小：3-6 中：1-3			小：算，中：数・英				○	30人程度
岐　阜	全学年			小：算，中：数・英					教科等により様々
静　岡	全学年			小：算・国・理・総合， 中：英・数・国・理・総合	○	○	○		20人程度
愛　知	全学年			学校の判断				○	教科等により様々
三　重	全学年	○						○	教科等により様々
滋　賀	全学年			小：国・算・理・社・体・生活， 中：数・理・外国語				○	20人程度
京　都	全学年	○						○	教科等により様々
大　阪	小：3-6 中：1-3			小：国・算，中：国・数・英				○	教科等により様々
兵　庫	全学年	○			○		○		20人程度
奈　良	全学年		○		○	○	○	○	20人程度
和歌山	全学年		○		○	○	○		20人程度
鳥　取	全学年		○					○	教科等により様々
島　根	全学年		○		○	○	○		教科等により様々
岡　山	全学年	○						○	教科等により様々
広　島	全学年		○		○	○			教科等により様々
山　口	小：3-6 中：1-3			小：国・算・理， 中：国・数・英・理				○	教科等により様々

第7章 少人数教育と学校経営

	実施学年	取組教科			取組を行っている指導形態				学習集団の人数
		3教科	5教科	その他	T.T.	習熟度別	習熟度別以外	混合	
徳　島	全学年	○						○	教科等により様々
香　川	全学年	○			○	○	○		教科等により様々
愛　媛	小：4-6 中：1-3	○			○				20人程度
高　知	小：3-6 中：1-3			主要教科				○	教科等により様々
福　岡	全学年			教科の指定は行っていない	○	○	○		教科等により様々
佐　賀	全学年	○						○	教科等により様々
長　崎	全学年	○						○	教科等により様々
熊　本	全学年			TT→教科の指定なし／少人数指導→小：算・国・理，中：英・数・理	○	○	○		教科等により様々
大　分	全学年	○						○	教科等により様々
宮　崎	小：3-6 中：1-3	○(小)　○(中)				○	○		教科等により様々
鹿児島	小：3-6 中：1-3				○	○			教科等により様々
沖　縄	小：3-6 中：1-3	○						○	教科等により様々

・3教科：小：算数・国語・理科，中：英語・数学・国語
・5教科：小：算数・国語・理科・社会・生活，中：英語・数学・国語・理科・社会
(文部科学省 (2012)「公立義務教育諸学校の学級規模及び教職員配置の適正化に関する検討会議 (報告)」資料編)

3　少人数教育と教授学習組織改革

　制度の弾力化にともない都道府県・市町村レベルの政策の受け手側である学校では，取組みの実態がさらに多様化する。またそれによって生み出される効果も異なる。ゆえに「少人数教育」の実態と効果を一括して論じることは困難である。学校レベルにおいて重要なことは，実情に応じて制度の弾力性を活かした教育活動を展開することである。教科・単元・教材等によっては指導形態

の柔軟な運用が教育効果を高める場合もある。場面に応じて効果的な指導形態を選択的に運用できる体制が求められているといえる。

1　指導形態の諸類型

指導形態は，学年の枠の弾力化，学級の枠の弾力化，子どもの学習集団の編成の弾力化という観点から類型化できる[4]。

(1)　学年の枠に着目した指導形態（垂直的組織の編成）

学年の枠の弾力化という観点でみれば，学年の枠を柔軟にせずに指導する一般的な学年制，ふたつあるいはそれ以上の学年の子どもを指導する多学年制，全学年の子どもを指導する無学年制といった形態がある。多学年制，無学年制は，実際には，運動会などの学校全体で取り組む行事で見られる指導形態である。しかし，多様な発達段階の子どもを対象に一度に指導することは難しいことである。ふだんの指導の場面ではほとんど見られないといってもよいだろう。

(2)　学級の枠に着目した指導形態（水平的組織の編成）

小学校の場合，広く採用されているのが学級担任制である。学級担任制では，ひとりの教師がひとつの学級の全教科を担任する。これに対して，特定の教科で担任を設定する準教科担任制，全教科で担任を設定する教科担任制がある。一方の学級担任制は，教師が担任する学級の子どもの様子を把握しやすいというメリットがあるが，学級間の「壁」が厚くなるともされ，独りよがりな学級経営に陥りやすく，受け持ち学級以外への関心も薄いものになりがちである。近年，「学級王国」という言葉をよく耳にするが，これは，以上のような学級担任制のデメリットを指摘したものである。他方，教科担任制は，教科ごとの担任であるため，個々の教師の教科の専門性に応じた教員配置がなされれば効果を発揮する。しかし，教科の専門性に応じた配置ができるほどの教員数を確保することは小学校においては困難であるし，とくに低学年においては，教科ごとに変わる教員への対応が子どもにとって難しいという問題がある。そのため現在では，学級担任制を基盤としつつ，小学校中学年以上に一部教科に限定して準教科担任制を採用する併存型の導入が多い。

TTは複数の教師で授業を進める指導形態である。TTの実践は最近ではよく見られるようになった。TTは指導の効率性に目が向きがちであるが，学級の開放性を高める効果があることにも注目すべきである。

(3) 学習集団の編成

文部科学省「教職員配置の在り方等に関する調査研究協力者会議報告」（2000年，最終報告）の中で，小学校における指導に関して，学級を基礎としつつ，学習集団と生活集団を分けて考えるべきであるという方向性が示されて以降，学校レベルにおいても学級集団を弾力的に編成，指導するという考え方が広く浸透してきた。学習の習熟度により編成する習熟度別指導，興味・関心に応じて編成するコース別指導は広く取り組まれている。教材等の特性に応じて1学級集団を分割する学級分割指導，複数の学級を統合する合同授業なども，生活集団としての学級とは別に学習集団を編成する実践例である。

2　学校レベルにおける教職員配置の実態

少人数教育政策の進展にともない，学校レベルでは全国的に多様な指導形態が取り組まれるようになった。では実際に，「30人程度学級」を小学校全学年で取り組んでいるX県のP市の学校状況をみてみよう[5]（表7.3）。

表7.3を見ても明らかなように，X県P市の各学校では状況に応じてさまざまな実践が取り組まれている。習熟度別指導に取り組む学校が多いが，たとえば，特定教科・学年に限定して行う，研究授業の単元のみに絞って行う，単元を「導入」「展開」「まとめ」の3パートに分け「展開」パートのみで実践する，といったように各学校の取組み状況を細部まで見ると各々異なる実践が行われている。

学年教師集団のみで取り組むのか，あるいは学級担任外教員，教務主任や教頭も参加して実施するのかといったように，スタッフの体制という点からみても取組みは多様である。取組みは子どもの実態，現有スタッフのサポート状況，各学校が蓄積する実践知の状況，施設・設備の状況により規定される。各学校固有の文脈から理解する必要がある。

表7.3 X県P市の小学校において採用されている指導形態

	A小学校	B小学校	C小学校	D小学校	E小学校	F小学校	G小学校
児童数	573	604	498	437	559	365	730
学級数	21(1)	21(1)	18(0)	17(1)	21(0)	14(2)	25(2)
教員数	26	28	23	25	27	21	33
学級担任外教諭・講師（養護教諭を除く）	2 級外2	1 級外	2 教務主任 生指主事	3 教務主任 研究主任 級外	3 教務主任 研修主任 級外	2 教務・研究主任 級外	4 教務主任 研究主任 生指主事 級外
少人数学級適用学年	2・5	3・5	なし	4・5	1・2・4・5	5・6	3・4・6
採用している指導形態	・習熟度別	・特にない	・少人数習熟度別 ・習熟度別	・特にない	・少人数習熟度別	・少人数習熟度別	・習熟度別

注1：「児童数」は調査時現在。
 2：「学級数」の（ ）内の数字は，特別支援学級数で外数。
 3：「教員数」には，校長・教頭・教諭・養護教諭・講師が含まれる（初任者研修の指導，補充のための教員，非常勤教員を除く）。
 4：「採用している指導形態」の各事項は次のことを意味している。
   「習熟度別」：学年の児童を習熟度に応じて学級数と同数の学習集団に分割した指導
   「少人数習熟度別」：学年の児童を，学級数を超える学習集団に分割した習熟度別指導

3 教授学習組織という視点からみた指導形態

ところで，指導形態の弾力化は－子どもへの指導，教育効果のように見えやすいものではないが－，組織上の変化をももたらす場合がある。

たとえば，これら指導形態を実施するにともなって起こる教師間の相互作用，協働がある。授業の計画・実施・評価の各段階における教師間の相互作用や，組織（＝教授学習組織）[6]としての学習指導の重要性は以前から指摘されている。わが国においては，とくに1960年代から70年代にかけて，「教育の現代化」を背景として習熟度別指導，TT，教科担任制という指導形態について，個々の学校レベルで，あるいはそこに研究者がかかわって実践的な研究がなされてきたという経緯がある。こうした試みのなかには，教育方法・技術の改善といった個々の教員の指導に関するテクニカルな要素に着目するだけでなく，授業

改善や指導改善，学年単位あるいは学校全体をも視野に入れた組織改善に関心を寄せているものもある。

たとえば，日俣周二は，「協力教授組織」のめざされるところとして「いわゆる伝統的な教授方法の改善だけでなく，学校組織さらには学級担任制の改善」をあげ，「数名の教師の協力作業とか，教師の専門性の活用，授業担当分担など教師の組織・しくみの革新が必要になってきている」としている。そして，教師がチーム（この場合のチームの構成員は，数名の教師と百数十名の子どもであり，単なるチーム・ティーチングの「チーム」ではない）による指導の組織を形成した結果として，「教育の計画・実施・評価を協同で行うことにより，教員特性の合理的活用，教師の能力開発，教材・教具の改善が達成」されることを目標としている。教授学習組織の改革とその実践の過程での教師間の相互作用，協働が強く意識されていることがわかるだろう。

4　教授学習組織改革の意義・ねらい

では，教授学習組織改革の意義・ねらいについてあらためて整理しておこう。

(1) 教師の力量形成と実践の波及

第1に，教師間のコミュニケーションを通じた力量形成がはかられる点があげられる。学級担任制による授業は，学級担任である教師がひとつの学級の全教科を担当することとなる。そのため，場合によっては授業の計画・実施・評価が慣習的なものに陥りやすい。いわゆる「学級王国」が批判されるのもこれが原因である。

これに対して，複数の教員で授業を計画・実施・評価することとなれば，授業のあり方に対し刺激となることが期待される。校内の教師たちがもっている知識や経験，授業ノウハウなどが教師どうしでよりよく交換できる。この点については，「目標達成に向けた教師間のコミュニケーション，協働，相互学習の風土」が「授業実践の共有を促し，間接的に教師の授業実践力量に効果をもつ」ことも明らかになっている[7]。たとえば，経験豊かな教師との授業づくりや授業実践などは，経験の浅い教師にとっては得がたい経験であるし，それ

が授業への意識変化の契機ともなりうる。翻って，教授学習組織改革が，授業改善を促すだけでなく，学校組織や人間関係にも影響していることが明らかになっている。これがひとつの教師ティームだけでなく，全校的に開かれた授業であるならば，授業実践の全校波及につながることが考えられる。

(2) **校内研修の見直し**

単独で行う個業型の授業と，教師間の相互作用，協働の過程を経た授業とでは授業実践上の課題に差異が現れる。たとえば，ADHD，LDの疑いがある子どもが普通学級に在籍する場合，個業型授業で，かつ大規模学級という環境であるならば，対応が難しい。学級が小規模化し，あるいは協働による授業ができる状況で対応可能な課題である。実際に少人数教育やそれにともなう指導形態の変化を契機に，そうした子どもへの対応がはじめて学校全体を通して課題として認識されるケースもある。これが校内研修・研究テーマを一新する契機となった学校もある。たとえば，特別支援教育のノウハウを普通学級における指導に取り入れている学校も増えている。これはひとつの例であるが，教授学習組織改革が校内研修の見直しに貢献する可能性があることを第2の点として指摘しておく。

(3) **学校経営戦略の問い直し**

「学校経営戦略を策定する」とは，学校と学校がおかれた環境との適合をはかるために，目標の設定，内容の設定，優先順位を決め諸資源の配分を決定することで学校の教育活動の方向を定めることである。学校のビジョン形成と深くかかわっているものである[8]。学校には，子どもの教育に関し無限定的に資源があるわけではない。教師の数，専門性といった人的事項，施設・設備，備品といった物的事項，学校予算など資源（ヒト・モノ・カネ）は，常に限定的である。教授学習組織改革は，子どもの実態をふまえながら指導のあり方を検討し，改善課題を検討し，改善案の実施のために以上のような資源を再配分するという営為としても考えられるわけである。専門性や人間関係を加味しながらどういった教師ティームをつくるのか，教師を投入することでほかの教育活動に支障は出ないのか，オープンスペースがあるならばそれを利用してみよう

か，など，子どもの実態に合わせての改善案作成にあたっては，多くのバリエーションを考える必要がある。このことは，学校経営戦略に大きくかかわることである。教授学習組織改革は，学校経営戦略を問い直し，更新する契機になるわけである。

5　指導論から経営論への視点の転換

以上のように，少人数教育の進展は学校の組織的な改善につながる可能性をもっている。

とすれば，習熟度別指導，TT といった指導形態を教授学習組織改革という視点から見れば，実際に子どもへの教育効果をあげる教育方法・技術論のみに終始するだけでは不十分といえる。「どう教えるか」という問いと同時に「よりよい学びを促す仕組みをどう構築していくか」という問いを立てることが肝要である。大胆にいえば，少人数教育における教育方法・技術論から授業改善論・指導改善論，学校経営改善論へ視点を転換する必要があるということではないだろうか。

4　少人数教育の今日的課題と課題への対処

1　少人数教育の今日的課題

ところで，教授学習組織改革が，歴史的に見れば，個々の学校で盛んに行われてきたことは3で述べた通りであるが，その取組みが散発的・個別的で長期間にわたって広く継続・定着してこなかったこともよく知られている。ある調査によれば，教授学習組織改革は，はじめられてから３年をピークに取組みが途絶えてしまうという[9]。その理由としては，各学校での研究推進者の転出，取組みそれ自体がマンネリ化したことによる取組みの価値の喪失などがあげられている[10]。このことにかかわって，学校での教授学習組織改革の難しさの要因について今日的な状況から示しておこう。

(1)　個業性

次のコメントは，学校での教授学習組織改革の難しさについて語ったある小

学校校長のものである。少し長いが引用してみよう。

　「学級経営って，担任は社長のようだったじゃないですか。まあ経営者ですよね。だから，自分が思うように学級をつくれる。で，ところが2人3人あつまると，話し合いっていう場と，高めあうっていう関係づくりを構築しなくちゃいけないんだけど，これって結構大変な作業ですよね。慣れないならなおさら。個人経営をずっとやってきた人にとっては，「そんなの俺やったことねえから」とか，「そんなのやってなんか意味あんの？」とかっていう意識ってまだあるんですよ。口には出さないにしても。ですから，その中の関係づくりの中で，疲弊してしまったならば，たぶん面倒くさい。協働っていうのは大変な努力が必要なので。だって，すごいエネルギーじゃないですか。相手の話を聞いて，あわせてシャッフルをして，優れたものをつくんなきゃいけない。そういう作業って，慣れてないじゃないですか，教員。」

３で述べたように，たしかに，協働による教授学習組織の運営は指導改善・授業改善にさまざまなインパクトがある。しかし，紹介した上記のコメントは，教員相互の協働体制構築それ自体に難しさがあることを語ったものであるととらえることができる。学校全体としての指導が重要であるとはいっても，いざ授業となると「口を出されたくない」，「口を出さない」というのが教師文化であり [11]，これが，教授学習組織改革の導入，継続の阻害要因となっていると考えられる。

(2) 教師の多忙化

　少人数教育を教授学習組織改革をともなっていると考えた場合，教師の多忙化を助長する傾向がある。習熟度別指導，TT，コース別指導などは，すでに述べた通り多様な効果がある。多忙化が起こるのは，それらの効果をあげるために教師間の事前・事後の質・量ともに十分なコミュニケーションが必要なためである。少人数教育の実施にあたっては，学校の状況によっては教頭，教務主任が加わる場合があることは３で紹介したが，それぞれの役割を考えた場合，明らかに教員の無理に頼っているといえるだろう。さらに，勤務時間が制限さ

れている非常勤講師を加えた場合など，多様な構成員を含む組織の場合，授業の計画や評価を協働で行う時間の確保自体が難しくなってくることも考えられる。研修への出張や年次休暇などへの対処も必要になる。制度的には，現在の学級数に基づいて教職員定数を算定する方式を改め，学校で行われる授業の総時間数から教職員定数を考える方式への転換が考えられる[12]。学校経営の視点からは，無理のない教職員配置，継続可能な実施計画を立てることが必要になるだろう。

(3) 目標の一元化

少人数教育の取組みは，「学力向上」への期待が大きい。ここでの問題は，目標設定が「学力向上」のみに一元化されることである。すでにみたように，教授学習組織改革は多元的な意味を含んでいる。目標設定が「学力向上」に一元化されることによって，他の効果が見えにくくなるばかりか，子どもの学習評価が悪ければ取組みが廃棄されることも考えられる。

2　課題への対処

第1に，実践で得られた知識は，その教師ティーム内のみで共有されるのみならず，複数の教師ティームがあるならば，ティーム間で共有できるような仕組みが必要である。

第2に，教授学習組織改革の組織的観点からの効果は，もっと積極的に評価されてもよい。これまで述べてきたような改革による効果は，積極的に評価がなされてきたとは言いがたい。そのため改革の評価が正当になされないこともある。組織的な観点から評価を行うことは実践をより深く意味づけることになり，教師の士気を高めることにもつながる。スクールリーダーの視点からすると，学校内外に少人数教育に関する戦略やビジョンを示し，そのなかで実践を意味づけることが重要である。

【福島　正行】

注
（1）義務標準法制定の経緯については，佐藤三樹太郎『学級規模と教職員定数－その

研究と法令の解説－』第一法規，1965年，参照。近年の学級編制・教職員定数，教職員配置制度については，清原正義編著『少人数学級と教職員定数』アドバンテージサーバー，2002年，参照。なお，本章では，これらの先行研究にならい，「学級編制」と「学級編成」のふたつの語を区別して論じる。前者は「1学級あたりの子どもの数」を規定すること（特に教育行政レベル）として，後者は子どもを個々の学級にわりふり，それぞれの学級をどの教師に担当させるかを決定すること（特に学校レベル）として用いる。
(2) 市町村レベルの状況は省略する。分権改革直後においては愛知県犬山市，埼玉県志木市の取組みが特に著名であった。現在は市町村レベルの裁量拡大により，多くの市町村で独自の取組みが行われている。犬山市の実践については犬山市教育委員会編著『自ら学ぶ力を育む教育文化の創造』黎明書房，2005年，志木市の実践については，小川正人編著『市町村の教育改革が学校を変える』岩波書店，2006年が参考になる。
(3) 文科省ホームページ参照（最終閲覧日2013年6月23日）。
(4) 高野尚好「学校組織と新しい教授組織」吉本二郎編『学校組織論』第一法規，1971年，119頁。
(5) X県P市の各学校における取組状況については，2005年12月に各校の校長にインタビュー調査を実施した結果から作成した。
(6) 学校組織は，指導組織，校務分掌組織，学校事務組織に区分される。本章で組織とは指導組織を指すのだが，本章では，第3節(2)で述べたように，学習集団の編成が教授・指導の組織とかかわっていることから，教授学習組織という語を用いている。
(7) 小野由美子「職場としての学校――学校の組織特性が教師の教育活動に及ぼす影響」『日本教育経営学会紀要』第36号，1994年，52頁。
(8) 天笠茂『学校経営の戦略と手法』ぎょうせい，2006年。とくに第1章「戦略とは」を参照。
(9) 日俣周二「教授組織研究の展望と課題」『現代教育科学』22(7)，明治図書，1978年，40-54頁，参照。
(10) 同上書，神山知子(1993)「昭和40年代の協力指導組織研究の特質－ティーム・ティーチングの導入・展開を中心に－」筑波大学教育学系『筑波大学教育学系論集』18(2)，丸山義王(2004)「小学校の教授組織改善の歩みと実践的課題－神奈川県の協力指導組織の変遷を通して－」大塚学校経営研究会編『学校経営研究』第29巻，65-81頁，参照。
(11) 新井郁男・天笠茂編著『学習の総合化をめざすティーム・ティーチング事典』（教育出版，1999年）の「教育イノベーションとしてのT.T.」(41頁)参照。
(12) 水本徳明「教職員定数の実態と課題－小・中学校の場合－」清原正義編著『少人数学級と教職員定数』アドバンテージサーバー，第4章，2002年，51-73頁参照。

考えてみよう

1. 全校児童500人，学級数18，教員数（校長・教頭を含む）23，学級担任外教員が教務主任・生徒指導主事の2名と非常勤講師1名という中規模校を想定したとき，どのような少人数教育のあり方がありうるか（各学年の教職員配置を含めて）を考えてみよう。
2. 各学級担任，各主任教員，非常勤講師にどのようなはたらきかけがありうるか，少人数教育を通して個々の教員の指導改善・授業改善を促す視点から考えてみよう。
3. 少人数教育の効果を保護者に求められた際，どのような資料を用意し，どう説明するかについて考えてみよう。
4. 習熟度別指導を導入しようとするとき，学年主任としての配慮点にはどのようなものがあるかについて，若い教師の力量形成の視点から考えてみよう。

参考文献

天笠茂『学校経営の戦略と手法』ぎょうせい，2006年
新井郁男・天笠茂編著『学習の総合化をめざすティーム・ティーチング事典』教育出版，1999年
小川正人編著『市町村の教育改革が学校を変える』岩波書店，2006年
清原正義編著『少人数学級と教職員定数』アドバンテージサーバー，2002年
佐藤三樹太郎『学級規模と教職員定数―その研究と法令の解説―』第一法規，1965年
日俣周二編著『協力教授組織による授業改造』明治図書，1969年
吉本二郎編著『学校組織論』第一法規，1971年

第8章 教師のメンタルヘルス

1 学校組織における教師のストレス

1 学校組織における教師の職務の拡大とメンタルヘルス

　学校組織は，どのような特徴をもった組織であろうか。カッツとカーン（Katz & Kahn, 1966）は，社会における多様な組織を，①製造・経済組織，②適応的組織，③管理・政治的組織，④ヒューマンサービス組織の4つに分類し，学校をヒューマンサービス組織に分類している。ヒューマンサービス組織とは，人々を社会化へと働きかけたり，人々を社会に回復させるはたらきをもつ組織である。このような活動は，社会の分裂を防ぐことを目的としており，維持の目的をもった家族システムの延長とみなされている[1]。このような特徴をもつ学校における教師の職務の多くは，常に対人関係とのかかわりを含むものであり，学校内・外において子どもから同僚教師，さらには管理職や地域社会の人々など年配者・高齢者にいたるまでの多様なかかわりをもつ。したがって，職務本来の多忙さだけでなく，対人関係の気遣いからもたらされる疲労感や負担感は，教師の学校生活全般に大きな影響力をもつといえよう。

　本章では，ヒューマンサービス組織である学校における教師のメンタルヘルスの問題について考える。まず教師の職務の特徴を明らかにしながら，近年求められている教師のあり方について人間関係の側面から検討を加えるとともに，教師のメンタルヘルスについてみていく。次に，教職員や子どもを含めた学校の病理現象に対して学校が組織として取り組むことの大切さを指摘する。最後に，スクールリーダーである学校管理職を取り上げ，学校の組織マネジメントにかかわる管理職のメンタルヘルスの問題について概観する。

(1) 「個業」としての教師の職務

これまで,教師の職務特徴は,「個業」という名に示されるように,教師一人ひとりの個別的な裁量をもとにした活動が中心であることが指摘されてきた。つまり,授業を中心とした教科指導や学級経営,子どもに対する個別的指導が中心であり,しかもそのような職務の遂行によって評価を受けるという自己完結的な色彩が強かった。たとえば,優れた授業を行う,子どもに優秀な成績を修めさせることができる,望ましい学級経営ができる,落ちこぼれの子どもがいないなどは,教育活動におけるすぐれた教師の姿である。現代においても,たしかに教師の仕事の中心は授業を中心とした学級活動であり,近年は,いままで以上に,広範囲にわたる「個業」にかかわる職務を教師に求めるようになっている。たとえば,教育技術の進歩にともなう情報教育の必要性は,多様な教育メディアを用いた情報活用能力を新たに教師に求めることになった。また,不登校やいじめないしは学級崩壊の問題が表面化するにともない,教育相談やカウンセリングマインドにかかわる新たな力量を教師に求めるようになってきた。

このように,外部から要請される,職務に関連した教師の力量は,拡大する一方であり,これらすべてを教師一個人でかかえ込むには,もはや限界に近い。いまや教師同士が「個業」という名のもとに1人でかかえ込むのではなく,学級や学年,ないしは教科を越えて,お互いに協力し合い,支え合う関係が必要となってきた[2]。

(2) 現代教師の職務の実態——個別的力量の拡大と協動的関係構築の力量

教職員が互いに協力し合い,支え合う関係の必要性は,近年における学校の変化とも関連している。教育改革や少子化現象,ないしは多様な教育病理現象の表出などが,組織体としての学校のあり方に急激な変化をもたらしてきており,学校が子どもを選ぶ時代から子どもが学校を選ぶ時代へと着実に変わりつつある。そしてそれにともない,学校現場においては,個性的で開かれた学級・学校づくりが推進されている。

まず,学級単位においては,教授組織の弾力化をめざしたティーム・ティー

チング，総合学習，ないしは選択制や合同による授業形態が進められている。このような変化によって，必然的に，学級の枠や学年・教科の壁を越えた教師同士の連携が不可欠となる。具体的には，これまでなされてこなかった，教育活動における同僚教師との協働的なコミュニケーションや効果的な連携を視野に入れた，いわゆる協働的な人間関係の構築が新たに必要となってきた。

次に，学校単位においても，スクールカウンセラーが学校現場に導入され，地域住民や大学生がボランティアや講師として学校に参入するようになり，多様な外部の人々との連携が教師に求められるようになってきた。さらには，学校評議員制度や学校評価により，地域社会に対しても開かれた学校づくりが求められている。

以上のような学校の変化は，これまであまり問われることのなかった，子ども以外の多様な他者との協働的な人間関係を構築するための力量が教師に求められており，このような協働的な人間関係を通した組織としての学校の力量が今まで以上に問われるようになっている。つまり先述したように，開かれた学校，危機管理，学校評価，教職員評価など今世紀の諸問題に対応するためには，教師による「個業」的な力量のみでは限界があり，教職員同士の協働や地域社会との連携により，学校のもつ潜在的な組織力（いわゆる組織としての力量）を高めていくことが求められている。

2　対人サービス業としての教師にかかわる心理的問題点

さてこのように，教師に求められる職務能力が拡大するにつれて，以前にも増して教師自身のメンタルヘルスにかかわる問題も注目されてきた。職務本来の多忙さだけでなく，多様な対人関係の気遣いからもたらされる疲労感や負担感が，教師の学校生活全般に大きな影響力をもつようになった。さらに最近の研究では，教師本来の職務とはあまり関連がないと思われる仕事（教師の動機づけがきわめて低い仕事）の多さが教師のストレスに多大な影響をもたらしているとの指摘もなされている[3]。表8.1 に示しているような，教師の動機づけの低い仕事をやらされている，ないしはやらなければならないと認識することは，

表 8.1　教師本来の職務とはあまり関連がないと思われる仕事

仕事の内容
（1）　直接学校と関係のない事での地域への義理立て（ボランティアなどでの休日の市内の清掃等）
（2）　親ができないような躾に学校が対応すること
（3）　本来は家庭で行うべき生徒の私生活の指導
（4）　あまり必要性を感じない研修への参加
（5）　教委・PTA から来る現場とかけ離れた要請への対応
（6）　土曜市・お祭り等の際に行う地域巡回
（7）　学校が忙しい時に参加させられる研修
（8）　苦情だけ学校に言って来る地域への対応
（9）　土日などの勤務時間外の部活指導
（10）　教科外・専門外の指導や対応を行うこと
（11）　予算配分・予算出納帳記入など書類作成・事務作業
（12）　教師が親へ要請する校外の生活指導
（13）　行政研修への参加
（14）　地域で生徒が起こしたトラブル（万引き・恐喝）への対応
（15）　長期休日の生活指導
（16）　専門外の部活動担当
（17）　宿泊を伴う部活遠征などの引率
（18）　登校地域での交通指導
（19）　部活動の顧問になるなどの職務負担
（20）　集団場面で勝手な主張をする親への対応
（21）　本人の意思の不明確な進路指導
（22）　不登校生徒の家庭訪問（親の理解がない場合）
（23）　勤務時間外の地区懇談会や PTA への参加
（24）　勤務時間外に生徒会・委員会の運営や監督を行うこと
（25）　遅刻防止や無断外出防止に校門で指導を行うこと
（26）　授業妨害をする生徒への学力保障
（27）　定期試験・模擬試験対策に特別に補習などを行うこと
（28）　自分の言動には責任を持たせるといった社会的責任の指導
（29）　夜自宅にかかる保護者からの電話への対応
（30）　学力不対応の進路指導
（31）　学習意欲のない生徒への補習・再試験
（32）　授業を開始する際，生徒を教室に入れるための巡回
（33）　通常の年度始めの家庭訪問
（34）　ノートを取る・忘れ物をしないなど中学以前の学習態度の保障
（35）　不登校等への進路・学習保障の努力
（36）　不登校生徒の家庭訪問（親の理解や要請をうけた）
（37）　中学以前の学力保障
（38）　集団の中での社会性の保障
（39）　問題行動があった等の臨時の家庭訪問
（40）　生徒会や委員会を担当すること
（41）　修学旅行上など宿泊を伴う校外行事の雑務（持ち物検査・巡回など）
（42）　修学旅行等の宿泊を伴う校外行事引率

高木　亮「教師の職業ストレスに関する研究－教師のストレス，過程，及びストレス抑制要因に関する実証的検討－」
兵庫教育大学連合大学院博士学位論文（岡山大学）2006 年より

教師のメンタルヘルスに深刻な影響をもたらす可能性がある。

　安藤[4]は，環境内のもろもろの出来事とか刺激（それらはストレッサーと呼ばれる）によって生じる生体内の「歪みの力」のことや「生体防衛反応」をストレスと呼んでいる。つまりストレスとは，個人と彼をとりまく環境との不十分な適合性から生じるのである。これまで，教師をとりまくストレスに関する数多くの研究結果は，職務にかかわるストレス以外に，①同僚教師とのかかわりから生じるストレス，②管理職とのかかわりから生じるストレス，③保護者や地域住民とのかかわりから生じるストレス，④子どもとのかかわりから生じるストレスなど対人関係から生じるストレスが大きいことが明らかにされている。さらに，教師のストレス認知感が過剰に高まると，個人のストレス感や疲労感が高まり，極端になると対人関係の拒否や仕事への意欲喪失がみられるようになり，いわゆる教師のバーンアウト現象（燃え尽き症候群）も注目されている。これまでみてきたように，教師の「個業」的な力量だけでは限界があり，協働的な関係から生みだされる組織としての学校の潜在的な力量を引き出すことが強く求められている。

3　教師支援のための教育心理学的アプローチ

　最近，このような教師のストレスを低減し，精神的健康を維持するための試みがなされるようになってきた。それらの研究が注目している点は，1つは教師の対人的な技能（スキル）やコミュニケーション能力ないしは自己効力感の向上やストレス対処能力などを改善することによって，教師自身の対人関係能力全般を高めようとする試みであり，いまひとつは，管理職も含めた教職員間で協力し合い，支え合う関係づくりを形成しようとする試みである。前者については，教師のソーシャルスキル[5]，アサーショントレーニング[6]，教師に可能なストレス対処行動[7]に焦点を当てた研究であり，後者は，ソーシャルサポート[8]や教師間のピアサポート[9]に焦点を当てた研究である。

　さらには，教師の成長・発達の視点に注目した研究も行われている。それによれば，職務に対する動機づけの強化に焦点を当てたキャリア適応力が30代

と40代の中堅教師の職務葛藤の抑制に効果的であることが指摘されている。キャリア適応力とは職業人が自らの能力や適性，希望とともに職業や職場から要請される内容を理解し，自律的に能力開発をすることで個人と環境の間の葛藤を改善する個人の能力である[10]。キャリア適応力を促進することによって，職業上の適応が得られるため，結果として不健康や離職のリスクの低下と仕事の効率が上昇するとされている[11]。このようにキャリア適応力は，個々人の自律的な能力開発を尊重することで能力に基づいた職業生活の充実と健康を両立でき，個人にも職場環境にも効果が期待できるキャリア発達を促す。事実，高木・淵上・田中[12]によれば，とくに40代ではキャリア適応力が職務葛藤の抑制ならびに職務葛藤・ストレス反応過程の抑制に効果があることが実証的に確かめられている。

2 学校経営における機能的な教育相談システム構築

1 学校組織における教育相談活動の現状とその問題点

スクールカウンセラー制度が導入されて以来，学校における教育相談活動は一定の効果をもたらしてきたが，それと同時に多くの課題が明らかになってきた。たとえば西山・淵上[13]は，日本の学校において今後早急に解決すべき教育相談に関する課題について，以下の5つに整理しており，いまだに教育相談活動自体が担当者個々の個人的な力量に依存しており，システムとして学校組織に定着化していない現状を指摘している。①教育相談を職務として行う人やそれを育てる養成機関がいまだ不足していること，②多くの場合教育相談活動を職務として管理する職が何であるか定められていないこと，③学校内での教育相談担当者が変わると，校務分掌で割り振られた仕事の内容が変わることが多いこと，④教育相談担当者個々の考えている教育相談の定義によって，サービス内容が異なること，⑤学校組織全体からみた教育相談をとらえる評価システムが不足していること。このことに関連して，学校の校務分掌組織で，教育相談を担当している教師が現在の教育相談活動をどのようにとらえているかについて検討した研究もみられる。西山・淵上[14]は，中学校の教育相談担当教

師を対象として，現在の教育相談活動に関する実態把握の調査を行った。調査の結果，①担当者の教育相談担当歴が長いこと，②教育相談係のスタッフ数の多いこと，および③小規模校であることが，自校における教育相談活動の浸透に深く関連していることがわかった。それと同時に，生徒指導係と一体になった教育相談活動がより効果的であるととらえられていた。以上の結果は，学校における効果的な教育相談活動の遂行には，担当者の力量や学校組織内の校務分掌としての教育相談係の明確な位置づけが，一定の影響力をもつことを示唆しており，また関連分掌（たとえば生徒指導係など）との連携が効果的であることが示されている。また，西山ら[15]は，教育相談活動の定着化への阻害要因についても検討した結果，教師の職務に関する多忙化が深くかかわっていると同時に，教育相談に対する前向きな姿勢や意欲，および教師同士の協働意識のあり方も関連していることが明らかにされている。さらに，このような学校教育相談の定着化には，校長のリーダーシップが学校の組織風土や学校組織のシステムを媒介して，大きな影響力をもっていることが実証的に明らかにされている[16]。

以上のことからも，教育相談担当者にとって，現在の学校では，効果的な教育相談活動が教育相談担当者個人の力量に強く依存している傾向にあり，今後の効果的な活動の定着化のためには，教育相談活動に対する教師間の協働的で前向きな意識や他分掌との連携を含めたシステム状の見直しや管理職の学校改善に関する管理職のリーダーシップが重要であるといえよう。

2　学校組織におけるチーム援助
(1)　チーム援助におけるコーディネーション行動

近年は，学校組織内の教職員を中心に複数の援助者が協力しながら，子どもや教師のメンタルヘルスにかかわる問題を解決していこうとする，チームによる援助の重要性が指摘されている[17]。つまり，チームを組んで学校組織内の人材（たとえば校長，教頭，教育相談担当，生徒指導主任，養護教諭，スクールカウンセラー，学級担任など）を効果的に活用しながら，子どもや教職員に対する援助

チーム援助が教職員の協動的意識に及ぼす影響

淵上・松本（2006）は，子どもとのかかわり方に悩む母親とその子ども（A子）に対するスクールカウンセラー（以下，SC），学校関係者，児童相談所担当者によるチーム援助が，教職員の協動的意識に及ぼす影響について検討している。面接当初，母親は，多動傾向で教師や他の子どもとのコミュニケーションもとりにくいA子をかわいいと思えず，母親自身も心身共に不安定な状態であった。当初SCは，母親に対するカウンセリングのみを担当していたが，それに加え，管理職を含めた教職員や児童相談所担当者等による複数のチーム援助を構成し，母子に対応することを学校側に提案して了承された。チーム援助は，①A子の学習面，心理・社会面の援助をするなかよし学級（A子が所属する特殊学級）担任，交流学級担任，学年団教師，SCによるチーム，②母親の精神的な安定を支える情緒的サポートをする教頭，栄養士，事務職，その他の教職員，SCによるチーム，③なかよし学級担任，児童相談所担当者，SCによるチームである。これらのチーム援助により，A子は落ち着いて学校生活を送るようになり，母親は精神的に安定し，母子のかかわりは改善された。チーム援助にかかわった教職員は，チームのなかで互いに連携・協力しながらそれぞれの立場での自分の役割を果たし，チーム援助による肯定的な効果を経験していた。その体験を通して，教職員は，自分の職務に対する自信や充実感，意欲，自己効力感を得ていたことが確かめられた。

チーム援助に参加した教頭との面接逐語録

来校された保護者の方から，「先生は話しかけてくれない」と言われることもあって，今回のようなチーム援助をしてみると，確かにそうかもしれんと反省させられます。……できるだけ多くの先生が加わって下さるといいんですけどね。SCが間に入ってくれたから頼みやすかった。管理職が言うと命令ととられてしまうからなあ。みんなに頼みたかったけど担任は忙しくしているので……。……学年団を越えるような協力はむしろ教務が音頭をとる方がやりやすい。こういう援助（チーム援助）を特別支援教育に生かしていけるようになればいいと思います。

を行おうとするものである。このようなチーム援助の場合は，比較的役割が固定されている定型的な校務分掌組織などと異なり，チームをまとめていくコー

ディネーターは，専門性の異なる複数の人々からなる。そして，チーム援助におけるコーディネーターの活動をコーディネーション行動と呼ぶ。このコーディネーション行動は，①チーム援助が特定の生徒への援助を行うために必要な行動と②チーム援助の活動を促進するためのシステムにかかわる行動とに分類されている。たとえば，システムに関するコーディネーション活動については，高等学校の学年主任，生徒指導主任，教育相談担当の長，養護教諭，スクールカウンセラーを対象とした調査が行われている[18]。調査の結果，①生徒援助のため学校運営や組織改善について検討委員会を開くように呼びかけているなどマネジメントに関する行動，②校内の相談ルートを保護者全体に広報するなどの広報活動，③気になる生徒がいるとき，他の教師から連絡を受けるといった情報収集行動，④外部機関の特色やカウンセラーの得意な分野について調べているなどのネットワーク行動の４つに分類できることを見いだしている。さらに，コーディネーション活動とコーディネーターの関係について検討した結果，マネジメントについては生徒指導主任と教育相談担当の長が，広報活動は教育相談の長が，情報収集活動に関しては生徒指導主任と学年主任が，ネットワークについてはスクールカウンセラーと養護教諭と教育相談の長が関連していることがわかった。以上の結果は，高等学校においては複数のコーディネーターが役割分担しながらコーディネーションが行われていることを示している。

(2) 学校の組織開発

これまで述べてきたように，予防的な視点をふまえた，子どもの問題行動や危機管理，ないしは教職員のメンタルヘルスなど学校臨床に関する問題解決のためには，必要に応じてチームを組み，学校内・外の多様な人材を効果的に用いながら柔軟に対処していくことが求められている。学校臨床の問題だけではなく，このように学校組織を問題対応ごとに柔軟に編成していけるようにするためには，学校の組織開発について考えていく必要がある。

学校の組織開発とは，学校をとりまく環境の変化や諸問題に学校自身が適応・解決するために，学校内・外の諸資源を効果的に活用しながら，学校組織を変革していくことである。このような組織開発のなかでも，望ましい学校づくり

を視野に入れながら，教職員の日常活動が柔軟に対応できるように組織を編成していく試みは，過程（プロセス）介入と呼ばれている。学校組織における過程介入方法は，調査フィードバック，集団発達とチームの構成，集団間開発，過程（プロセス）コンサルテーションの4つのタイプに分類できる[19]。これらの方法のなかでも，とくに連携構築にともなった学校組織の改善方法は，集団発達とチームの構成方法である。この方法は，学校が学校臨床的問題に直面した際に，個人では対応できないときに，その問題を解決する，ないしは未然に防ぐという明確な目的をもったチームが学校内で結成される[20]。家近・石隈[21]やコラムの松本・淵上（2006）によるチーム援助などがそれに当たる。このようなチームは，教科，学年，分掌組織を超えた異なる専門性をもったメンバーから構成されており，場合によっては学校外のメンバーを含むこともある。したがって，チームの構成メンバーの行動特徴を生かすために，各チームメンバーは役割を分担しながら，活動に従事することが望ましい。たとえば，学級内や保護者などの情報収集活動にはスクールカウンセラーや担任教諭が，学級以外の校内の情報収集活動には学年主任や養護教諭などが，マネジメント活動には管理職などが，広報活動には教育相談担当教諭などがそれぞれ対応する。そして，チーム活動の効果性はチーム内での活動如何であり，メンバー間による問題意識の共有と明確化，情報の共有，意見交換などを十分に行う必要がある。またチームにおける議論や意思決定にはすべてのメンバーが参加することによって，責任性を共有することが可能となる。チームのメンバーは相互依存的であり協働的関係をもち，常に前向きの議論を行いながら，問題解決やその防止のために肯定的な姿勢をもっている。このように，協働的関係をともないながら専門性の異なるメンバーから構成されるために，彼らによる肯定的な相互作用によって，学校においてはこれまであまりみられなかったような個々の力量を超えた集約・組織的で創造的な活動が生みだされる可能性があり，学校における教師集団の力量を高めていく方法のひとつであろう。

　このことに関連して，最近集団や組織において，自分たち集団のメンバーは，問題を解決し継続的な努力を通じて活動を改善できるという，集団の効力感に

関する感覚が存在することが明らかにされており，集団の成員によって知覚された集約的な効力感(Collective Efficacy)ないしは集団効力感(Group Efficacy)が，組織のメンバー個々の力量を超えて，集団や組織の機能向上を理解するためにきわめて重要であることが指摘されている[22]。淵上・今井・西山・鎌田[23]は，小学校・中学校・高等学校の教師を対象として調査を行い，図8.1に示しているような，教師集団の効力感尺度を開発している。

それによれば，教師集団の効力感は，①学校という組織のなかでの活動や，校務分掌に関して集団として協働的にかかわることができる効力感である「組織活動・校務分掌に関する集団効力感」，②教育目標の遂行や授業を中心とした教科指導にかかわる教師集団としての効力感である「教育目標・教科指導に関する集団効力感」，③対生徒の指導に関する教師集団としての効力感「生徒指導に関する集団効力感」の3つの構造から構成されていた。日本では，学校組織への介入事例も少ない上に，組織介入の効果を的確に測定した研究事例は

本校の教師集団は，みな協力的で助け合っている。
本校の教師集団は，学校行事には，よくまとまることができる。
本校の教師集団は，各分掌の内容を把握している。
本校の教師集団は，管理職と教師がお互いに協力し合えるような職場の雰囲気作りに努力している。
本校の教師集団は，学校で問題が起こったとき一致団結して問題を解決できるように動くことができる。

組織活動・校務分掌に関する効力感

本校の教師集団は，生徒に基礎学力を十分身につけさせることができる。
本校の教師集団は，十分な知識や教養をもって授業を行うことができる。
本校の教師集団は，教育目標をしっかりと理解している。

教育目標・教科指導に関する効力感

本校の教師集団は，生徒の学習状況，悩み，要求，生活状況などを適切に理解できる。
本校の教師集団は，授業中に生徒が騒いだり，授業の妨害をしたときすばやく対処できる。

生徒指導に関する効力感

図8.1 教師集団の効力感の3つの構造について

数少ない[24]。今後は，教師集団の効力感などのような測定尺度を用いながら，効果的な学校組織開発に関する研究を進めていく必要があるだろう。

(3) 連携構築によるチームづくりにおいてスクールリーダーが注意すべき点

さて，これまで述べてきたような連携構築を視野に入れた効果的なチームづくりにおいて，学校管理職であるスクールリーダーはどのような点に注意するべきであろうか。

まず第1に，メンバーの異なる専門性を尊重することである。管理職，教育相談や生徒指導など校務分掌の代表者，学年主任や教科主任などの主任層，学級担任，養護教諭，スクールカウンセラー，保護者などから構成されたチームは，各自のもつ情報や専門性が活かされてはじめて意義をもつ。さらにこれまでみてきたように，各自の専門性を尊重したうえでお互いの意見交換や情報の共有がチームの効果性を決定するので，スクールリーダーは各メンバーの特徴を十分に尊重し，彼らの情報交換や意見交換を促進するようなリーダーシップを発揮するべきである。

第2に，スクールリーダー自身がチームの構成員のひとりとして参加する必要がある。スクールリーダーがチームに参加することによって，このチームの重要性が構成員に理解されるとともに，彼ら自身が直接チームから得られた活動や情報に触れることができ，今後の学校経営の参考にすることができる。また，これまで述べてきたように，チームは日ごろ接触の少ない異質なメンバーから構成される一方で，問題解決だけでなく，予防的・組織的な視点からの共通理解，チームの方針の浸透が求められる。したがって，構成メンバーの自由な意見表明や交換だけでなく，チームをまとめていくマネジメントが不可欠である。その意味ではチームにスクールリーダーが参加することによって，チームの効果性が高まる。

第3に，スクールリーダーは，全学的・組織的視点からのチームマネジメントを心がける必要がある。チームの構成員はそれぞれ異なる立場から参加するので，構成員個々はどうしても自分の所属している立場から意見や態度を表明することが多い。チームの効果性は互いの立場を超えた組織的視点からの活動

にかかっているので，そのことを構成員に意識させなければならない。

(4) 連携構築によるチームづくりにおける過程コンサルテーションとしての研究者の役割

最後に，問題解決のためのチームづくりを中心とした連携構築に対して，研究者がどのようにかかわっていくのかについて考える[25]。先に述べた学校組織における過程介入方法のひとつである過程（プロセス）コンサルテーション法は，研究者と学校現場との関係性にも関連したものであり，近年研究と実践関係のあり方において注目されてきた。ここでの過程（プロセス）コンサルテーションとは，学校が自力で診断・問題解決し組織改善を継続できるように，学校と研究者が協働で診断し解決法を探求し，そうすることで研究者の診断と問題解決の技能を引き継ぐ方法である[26]。そして研究者は，学校の問題解決の内容よりも，解決に向かうプロセス（たとえば，問題の明確化，問題解決・意思決定のプロセス，メンバー間のコミュニケーション，学校の組織風土など）へのさまざまな支援を行う。

したがって，研究者は外から客観的に学校を眺めながら，かかわっていくのではなく，彼らも学校現場の実践者とともに，協働で連携しながら，学校自らが改善していくプロセスを支援する役割が求められている。

3 管理職のストレス

1 学校管理職のストレス認知とその対処

学校管理職である校長は，自らの職務をどのようにとらえているのだろうか。校長には学校組織のリーダーとして，学校内・外で多様な職務を遂行する能力が求められる。広範な職務に対する校長のストレス認知やバーンアウトに関しては，欧米においてもっとも盛んな研究対象となっている領域のひとつである。これらの研究は，調査法に基づいた数量的なアプローチによるものと，観察法や面接法ないしは生理学的手法によりストレス発生のメカニズムを質的に分析するものに大別できる[27]。ここでは従来日本でほとんど紹介されてこなかった学校管理職のメンタルヘルスについてみてみよう。

まず，校長は周囲の環境のどのような要因を，ストレスを与えるものであるストレッサーととらえているのであろうか。ファンとトーマス[28]は，観察法と生理的指標を用いて，小・中学校の校長が認知しているストレッサーについて検討している。その結果，主要なストレッサー要因として，①教師（教師の態度，教師の行動，教師の欠席，教師との関係性，職員会議等の会合），②執行部の会合，③生徒の行動，④校務，行事（学校での会合），⑤保護者，保護者の組織，⑥管理と組織（政策とカリキュラム，設備や備品，建物と運動場），⑦仕事過重と時間のプレッシャーなどが取り上げられていた。以上のことから，身のまわりの環境要因のほとんどがいつでもストレッサーに変化しうることを示しており，校長は容易にストレスへと変化しうる潜在的要因に囲まれながら，経営行動を営んでいることがうかがえる。また，これに関連して，管理職が日々の経営行動においてストレスを感じる度合いについて，クーパー，シーバーディングとムース[29]は，校長のリーダーシップにともなう心理的ストレスについて検討している。3名の校長を対象として，3日間の業務を観察・記録し，その際の校長による心理的ストレスの生理的指標として心拍を取り上げている。それによれば，校長のリーダーシップ行動全体の4分の1にあたる24％がストレスをともなうものであることがわかった。さらに彼らは教師や生徒全員を対象にして，話をする場合や生徒の問題行動に対する処罰を行う際にもっとも心理的なストレスを感じていたことがわかった。

次に，このようなストレスに対する校長の対処行動についても検討されている。アリソン[30]は，小学校と中学校の校長を対象として調査を行い因子分析を行った結果，校長の用いるストレス対処法を以下の7つに整理している。①現実的見方（現実的な目標の設定，責任の委譲，ユーモアの感覚を維持する），②肯定的態度（教職員，生徒，保護者と好ましい人間関係スキルを実践する，楽観的にかつ客観的に問題にアプローチする，より肯定的で自己支持的な精神状態を生みだす），③好ましい肉体的・健康的プログラム（仕事に関係ない遊びの活動に従事する，好ましい健康習慣を維持する，規則的な睡眠習慣を維持する，定期的に体を鍛える），④知的・社会的・精神的サポート（精神的な成長を支持する活動に従事する，家族や親密な友

人とよく話す，他の学校の管理職とよく話す），⑤関与を強める（一生懸命仕事をする，コミュニティーにかかわる），⑥時間管理と組織（時間を上手に使う，訪問者が限定され，予期しないことが起こるのを最小限にする），⑦撤回と捲土重来（その状況から物理的に撤退する，ペースを落とす，休暇をとる）。

以上のように，時間管理や生活習慣の規則化などだけでなく，楽観的ではないが，物事を肯定的にとらえる思考法や現実的なものの見方ないしは物事の見極めが校長のストレス対処にかかわっており，そしてなによりも周りの支えてくれる人の存在や自分自身の自由な時間の確保が重要であることを示している。

2　校長のバーンアウト

長期的・恒常的なストレスの結果，人はバーンアウトに陥りやすいことが指摘されている。バーンアウトとは一般には燃え尽き症候群と呼ばれており，人間的な感情を喪失し（①情緒的消耗感），自分であるという感覚が薄れ（②没個性化），諸活動に対する成就感を体験できなくなる（③個人的成就感），状態をさしている。またこのようなバーンアウト現象は，看護職や教師など対人サービス業にかかわる人たちによくみられることがわかっている。校長のバーンアウトに関する研究も数多く行われている。

管理職のバーンアウトの先駆的研究である，サラソンとサラソン[31]は，教師と管理職のバーンアウトを比較・検討した結果，総じて管理職のバーンアウト傾向は教師のそれに比べて低いことを見いだしている。さらにサラソン[32]は，校長のバーンアウトがカウンセラー，看護職，教師など他の援助サービス専門職よりも低いことを見いだしており，管理職に焦点を当てた場合には，男性管理職が女性に比べ，また在職経験の長い管理職は短い者に比べて，バーンアウトのなかでも没個性化が高かった。また，長期間にわたる仕事のストレスや仕事の過重感は，情緒的消耗感や没個性化の意識に結びつきやすく，校長にとって，刺激やチャレンジ性のなさが，自己成長のなさにつながり，バーンアウトを導くことを指摘している。

校長のバーンアウトの原因を特定化するために，面接法によってより深い心

理メカニズムを検討した研究もみられる。ウィテーカー[33]は、校長への半構造化面接を行った結果、①事務処理や時間管理を中心に年ごとに増加している校長の職務内容、②児童生徒の管理から地域や教育委員会とのかかわりまで含めた広範囲にわたる役割の明確さの欠如、③困難な決定を下すときに必ずしも周りから十分なサポートを受けていないという認識、④学校自身のもっている意思決定力の少なさにより校長は自分自身を無意味と考えやすいこと、の4つの要因をバーンアウトの原因として特定化している。このようなバーンアウトの特定化は、いわゆる校長のストレッサーを特定化することとも関連しており、ストレスにかかわる要因が適切に解決できずに、長期化された場合にバーンアウトに結びつくことを示していると考えられる。

　フィードマン[34]は、小学校と中学校の校長を対象として、職務に関連したストレッサーと彼らのバーンアウトの関係について検討した結果、教師と生徒の保護者との関係から生じる軋轢が校長のバーンアウトにもっとも影響をもたらしており、次に仕事の過重感が影響をもっていた。この結果から、校長はリーダーシップを発揮しながら、それが拒否されたときにもっとも強いストレスを感じ、結果的にバーンアウトへといたることが示唆された。同様に、ジメルとゲート[35]は、管理職のバーンアウトに影響を及ぼす個人的・専門職的・組織的特徴を特定化し、職務満足度、バーンアウト、パフォーマンスに及ぼすソーシャルサポートの効果について詳しく検討している。その結果、まず情緒的消耗感には、仕事のストレス、対人葛藤ストレス、競争、管理的ストレスが大きく影響を及ぼしており、ストレス対処には時間管理、交渉や対人関係スキル、自己意識化、ストレスマネジメントが、そしてサポートによる緩衝要因には満足感、管理的対処法、肉体的健康がかかわっていた。次に、没個性化には、あいまいさ、対人葛藤ストレスが大きく影響を及ぼしており、ストレス対処には役割の明瞭さと交渉や対人関係スキルがかかわっていた。第3に個人的成就感には、あいまいさが大きく影響を及ぼしており、ストレス対処としては役割の明瞭さが、サポートによる緩衝要因には満足感、家族のサポートがかかわっていた。

以上の諸研究成果からもうかがわれるように，学校組織のリーダーとしての校長のストレスは，学校内部の経営活動にかかわることだけでなく，対外的な交渉や職務も含めた広い範囲にわたっている。とりわけ，学校を経営していくという仕事の量と質の問題や学校組織を動かしていく際の対人関係（とりわけ教師，保護者など）にかかわる問題などがバーンアウトに密接にかかわっていることがうかがえる。　　　　　　　　　　　　　　　　　　　【淵上　克義】

注
（1）　Illback, R.J., 1992, Organizational influences on the practice of psychology in schools. In Medway, F.J. & Caffety, T.P. (eds.) *School Psychology-A social psychological perspectives-*, Lawrence Erlbaum Association.（田中宏二・淵上克義・越良子・谷口弘一編訳『学校心理学－社会心理学的パースペクティブ－』「第7章　学校での心理学の実践に及ぼす組織的影響」北大路書房，2005年，163-192頁）
（2）　淵上克義「現代教師の考察－職務特性から読み解く－」『教職課程』2005年3月号，12-15頁，協同出版。
（3）　高木亮「教師の職業ストレスに関する研究－教師のストレス，過程，及びストレス抑制要因に関する実証的検討－」『兵庫教育大学連合大学院博士学位論文（岡山大学）』2006年。
（4）　安藤延男編『学校社会のストレス』垣内出版，1985年。
（5）　たとえば，河村茂雄『教師のためのソーシャルスキル』誠信書房，2002年。
（6）　たとえば，園田雅代・中釜洋子・沢崎俊之『教師のためのアサーション』金子書房，2002年。
（7）　たとえば，岡東壽隆・鈴木邦治『教師の勤務構造とメンタルヘルス』多賀出版，1997年。
（8）　たとえば，迫田裕子・田中宏二・淵上克義「教師が認知する校長からのソーシャル・サポートに関する研究」『教育心理学研究』52，2004年，448-457頁。貝川直子「教師のバーンアウトと組織特性，ソーシャルサポートとの関係」『日本教育心理学会第47回総会発表論文集』2004年，434頁。
（9）　たとえば，池本しおり「教師間のピア・サポートをめざした校内研修会」『ピア・サポート研究』2，2004年，25-37頁。
（10）　Super, D.E., Thompson, A.S. & Linderman, R.H., 1988, *Adult Career Concerns Inventory: Manual for research and exploratory use in counseling*, Palo Alto, Ca: Consultant Psychologists Press.
（11）　渡辺三枝子・E. L. ハー（E. L. Herr）『キャリアカウンセリング入門』ナカニシヤ出

版，2001年。
(12)　高木亮・淵上克義・田中宏二「教師の職務葛藤とキャリア適応力が教師のストレス反応に与える影響の検討－年代ごとの影響の比較を中心に－」『教育心理学研究』56，2008年，230-242頁。
(13)　西山久子・淵上克義「教育相談システムを機能化するための学校組織特性に関する研究の動向」『岡山大学教育学部研究集録』129，2005年，1-9頁。
(14)　同上。
(15)　同上。
(16)　西山久子・淵上克義・迫田裕子「学校における教育相談活動の定着化に影響を及ぼす要因の相互関連性に関する実証的研究」『教育心理学研究』57，2009年。
(17)　石隈利紀『学校心理学－教師・スクールカウンセラー・保護者のチームによる心理教育的支援サービス－』誠信書房，1999年。
(18)　瀬戸美奈子・石隈利紀「高校におけるチーム援助に関するコーディネーション行動とその基盤となる能力及び権限の研究」『教育心理学研究』50，2002年，204-214頁。
(19)　Illback, R.J., 163-192.
(20)　同上。
(21)　家近早苗・石隈利紀「中学校における援助サービスのコーディネーション委員会に関する研究－A中学校の実践をとおして－」『教育心理学研究』51，2003年，230-238頁。
(22)　淵上克義『学校組織の心理学』日本文化科学社，2005年。
(23)　淵上克義・今井奈緒・西山久子・鎌田雅史「集団効力感に関する理論的・実証的研究－文献展望，学級集団効力感，教師集団効力感作成の試み－」『岡山大学教育学部研究集録』131，2006年，141-154頁。
(24)　淵上克義・松本ルリ子「スクールカウンセラーと教師の連携によるチーム援助が教職員集団に及ぼす影響」『適応障害の包括的支援システムの構築の研究成果報告書（兵庫教育大学連合大学院学校教育学研究科）』2006年，217-224頁。
(25)　淵上克義「第12章　学校臨床」篠原清昭編『スクールマネジメント』ミネルヴァ書房，2006年，194-211頁。
(26)　曽余田浩史「学校経営研究における臨床的アプローチの構成条件と独自性」小野由美子・淵上克義・浜田博文・曽余田浩史編『学校経営研究における臨床的アプローチの構築』北大路書房，2004年。
(27)　淵上克義「現代教師の考察－職務特性から読み解く－」『教職課程』2005年3月号，12-15頁，協同出版；淵上克義『学校組織の心理学』日本文化科学社，2005年。
(28)　Whan, L.D. & Thomas, A.R., 1996, The principalship and strees in the workplace: an observational and physiological study, *Journal of School Leadership*, 6, 444-465.
(29)　Cooper, B.S., Sieverding, J.M. & Muth, R., 1988, Principals' management behavior,

personality types and physiological stress, *Journal of Educational Administration*, 26, 197-221.
(30) Allison, D.G., 1997, Coping with stress in the principalship, *Journal of Educational Administration*, 35, 39-55.
(31) Sarros, J. & Sarros, A.M., 1987, Predictors of teacher burnout, *Journal of Educational Administration*, 25, 216-230.
(32) Sarros, J.C., 1988, Administrator burnout: Findings and future directions, *Journal of Educational Administration*, 26, 184-196.
(33) Whitaker, K.S., 1995, Principal burnout: implications for professional development, *Journal of Personnel Evaluation in Education*, 9, 287-296.
(34) Friedman, I.A., 2002, Burnout in school principals: role related antecedents, *Social Psychology of Education*, 5, 229-251.
(35) Gmelch, W.H., & Gates, G., 1998, The impact of personal, professional and organizational characteristics on administrator burnout, *Journal of Educational Administration*, 36, 146-159.

考えてみよう
1．組織としての学校の特徴を理解した上で，教職員のメンタルヘルスについて考えてみよう。
2．学校管理職のストレスの特徴について述べて，その対処法についても考えてみよう。

参考文献
相川充『先生のためのソーシャルスキル』サイエンス社，2008 年
石隈利紀『寅さんとハマちゃんに学ぶ助け方・助けられ方の心理学』誠信書房，2006 年

第9章 学校の危機管理

1 学校の「危機管理」とは

1 「危機管理」(リスク・マネジメント) とは何か

「危機管理」という言葉を聞いて人は何を思い浮かべるだろうか？ テロや災害，大きな事件や事故が起こるたびにマスコミでこの言葉が声高に叫ばれているのを聞いて，人や組織，社会に降りかかる災いを回避する，またはその弊害を最小限に抑える，というイメージを抱く人も多いだろう。しかし，「危機管理」の原語であるリスク・マネジメント (risk management) とは，必ずしもそうした災難の回避と対処だけを意味するものではない。

リスク (risk) の語源はポルトガル語で，「海図もないところへ向けて海に漕ぎ出していく」というものであったという。「虎穴に入らずんば虎児を得ず」ということわざがあるが，ある目的にトライする際の不確実性が広くリスクといわれる。「危機管理」(リスク・マネジメント) とは，こうした不確実性に対処するための組織活動全般をさすものである。

学校の危機管理について考える際にもこの視点に立ち返ることは重要である。たしかに，学校で行われるさまざまな活動のなかには，大きな問題に発展しかねない不確実性が数多く隠れている。何か新しい活動を始める際に「もし事故にでもなったらどうするんだ！」という言葉は学校でよく聞かれる殺し文句だ。しかしだからといって，リスクを避けることばかりが組織のなかで強調されるようになると学校の教育活動は，次第に萎縮していってしまうだろう。学校の危機管理の発想の基本は，リスクを「あってはならないもの」としてとらえるのではなく，リスクは常に存在するものとしてとらえ，リスクに学校全体で対

1 学校の「危機管理」とは

処していく組織づくりを日常的なものとするというところにある。

それでは，学校の危機管理の対象にはどのような領域があるか，しばしば問題として取り上げられる危機管理のキーワードを列挙してみよう。

生徒指導上の問題……いじめ，不登校，飲酒・喫煙，対人暴力，薬物乱用，自殺，盗難，器物破損，売春・不純異性交遊

教育活動にかかわる問題……学級崩壊，授業拒否・妨害，教育の政治的・宗教的中立性，学力不振

生徒の安全にかかわる問題……不審者への対応，交通安全，学校事故，食中毒，インフルエンザ

教師にかかわる問題……バーンアウト，精神性疾患，メンタルヘルス，過労，指導力不足，セクハラ・パワハラ・アカハラ

学校運営にかかわる問題……個人情報保護，情報セキュリティ，マスコミ対応，保護者・地域からの苦情，著作権，教職員組合対応

学校防災にかかわる問題……施設の耐震化，避難所運営，防災マニュアル

このように，学校の危機管理には実に多様な内容が含まれる。おおよそ危機管理と無縁な活動は学校のなかには存在しないといっていいほど，学校の仕事には危機管理がついてまわる。

2 増大する学校のリスク

さて，学校で「危機管理」という言葉が頻繁に使われ出したのは，比較的最近のことであるが，それ以前からも学校の教員や校長は不測の事態に気を配ってきた。体育の授業や運動会では，子どもがけがをする危険性が常にあったし，生徒の非行やいじめが問題となったのもけっして新しいことではない。しかし今日，学校の危機管理が以前にも増して声高に叫ばれる背景には，学校の外部環境，内部環境に生じたさまざまな変化によって，個々の学校がこれまで以上により広範なリスクに対応していく必要性が生じてきたという事情がある。

たとえば，2001年6月の大阪教育大学附属池田小学校における児童殺傷事件以来，保護者や学校の不安心理は高まりを見せ，多くの学校では校門が閉ざ

され，学外者の入構にあたってはチェックが必要になった。また児童生徒の登下校の際には，通学路にボランティアを配置して安全を確保することが必要となってきた。

情報化社会の進展にともなって生じてきた危機管理の課題も多い。情報セキュリティや出会い系サイトや学校裏サイトなどから子どもを保護することは，どの学校でも頭を悩ませている課題だ。また，個人情報保護法の施行にともなって生じた個人情報管理の徹底など，学校では情報管理に以前より多くの神経を使わなくてはならないようになってきた。

また，かつての伝統的地域社会が徐々に変質するなかで，総じて「おらが学校」という意識が徐々に失われ，子どもの教育について保護者が学校に要求を出すようになってきた。保護者が学校に対して期待をかけたり，意見を述べたりすることは当然のことであるし，また学校にとってはプラスに働くこともあるが，学校の事情を考慮しない一方的な批判は学校にとってしばしば頭痛の種となる。保護者からの「無理難題要求」に苦慮している学校は数多い。

一方，学校に対する要求が増大すればするほど，学校の内部にもストレスがかかってくる。ただでさえ授業や生徒指導で忙しい学校が，さらに多くの諸課題に対応しなければならなくなった結果，多くの教職員が過大なストレスをかかえるようになり，精神性疾患による教員の休職者数は増加の一途をたどっている。いまや教職員のメンタルヘルスの維持は学校管理職にとって必須の課題になった。

このように，今日生じつつあるさまざまな社会変動は，学校の仕事をかつてより不安定な環境下で遂行せざるをえない状況をつくり出している。学校の内外に生じた学校の危機管理を叫ぶ声が日増しに高まっているのも，学校における不確実性が増大しているからにほかならない。本章ではとくに，近年とりわけ注目されている危機管理の領域に焦点を当てる。そこから学校をとりまく環境が，いかなる意味でリスク化してきたかを垣間見ることができるのではないか，と期待するからである。

さて，ここ10数年余りの間にとくにクローズアップされてきた学校におけ

る危機管理の領域というと，学校安全・不審者への対応，情報管理，学級・学校崩壊，不登校，保護者からのクレーム対応，教職員のメンタルヘルスなどをあげることができるだろう。これらのうち，教職員のメンタルヘルスや学級崩壊，保護者への対応等については他章で取り上げることになっているので，ここでは学校安全・不審者への対応，情報管理，不登校の3点に限定して考えてみたい。

2 学校安全・不審者への対応

1 学校の安全管理施策

大阪教育大学附属池田小学校の児童殺傷事件以来，文部科学省では，学校安全の充実にハード・ソフトの両面から学校安全の充実に総合的に取り組む「子ども安心プロジェクト」を2002年度から推進しており，同年12月には「学校への不審者侵入時の危機管理マニュアル」を策定し，児童生徒への犯罪被害防止のあり方を整理して提示している。さらに「学校施設整備指針」(2003年8月)，「学校安全緊急アピール」(2004年1月)，「学校の安全確保のための施策等につ

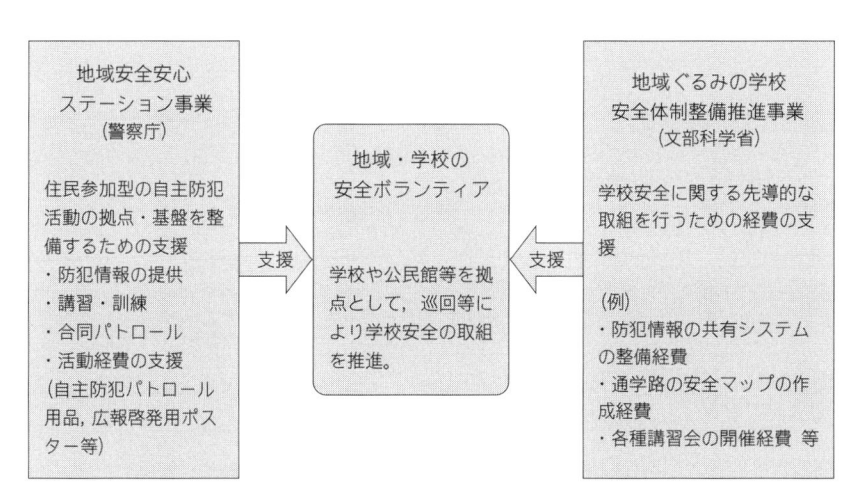

図9.1　文部科学省と警察庁の今後の連携のための取組（イメージ図）
（文部科学省「学校安全のための方策の再点検等について」(2005) をもとに著者が作成）

いて」(2005年2月)など，次々と学校安全のための方策を検討してきた。

しかしそれでも不審者による事件は終わらず，大阪府寝屋川市立中央小学校の卒業生である17歳の少年が教師を刺殺するという痛ましい事件が発生した。これを受けて文部科学省では「安全・安心な学校づくりのための文部科学省プロジェクトチーム」を設置した。同プロジェクトチームの第1次報告「学校安全のための方策の再点検等について」(2005年3月)によれば，図9.1のように警察庁と文部科学省との連携のもと，各地域では学校や公民館等を拠点として，巡回等により学校安全の取組みを推進していくことが構想されている。

ここで，警察庁では「地域安全安心ステーション事業」を実施して自主防犯活動の拠点・基盤を整備するための支援を行い，文部科学省では「地域ぐるみ学校安全体制整備事業」を実施して学校安全にする先導的な取組みを行うための支援を行う。そしてこれらの支援を背景に，地域のボランティアを中核として学校安全を高めようというのである。同報告によれば「それぞれの学校安全のための方策等について再点検し，独自の『危機管理マニュアル』の作成・改善や，警察とのいっそうの連携の推進など，実効性のある安全管理の取組を積極的かつ継続的に推進していくことが望まれる」とされ，地域の実情を反映したかたちで，学校安全が望ましいとされている。こうした，学校を核とした地域単位の自律的な安全確保策が現在の学校安全対策の中核をなしている。

2 学校の安全管理の実態と課題

こうした学校安全への意識と諸施策を背景に，学校の安全管理体制は数値のうえでは着実に進んでいる現状が窺われる。文部科学省の実施した「学校の安全管理の取組状況に関する調査結果」(2008年1月)によれば，2007年3月31日現在で防犯のマニュアルを活用している学校の割合は，幼稚園で93.0%，小学校で100%，中学校で99.3%である。また2006年度中に教職員の安全対応能力の向上をはかるための取組みを実施した学校の割合は，幼稚園で78.5%，小学校95.7%，中学校で85.2%である。また2007年3月31日現在で子どもの安全確保(防犯)について地域の警察と連携をとる体制を整備している学校の

割合は，幼稚園で71.5％，小学校で96.8％，中学校で96.1％，である（詳細は同調査参照のこと）。

このように安全対策の内容や学校段階によって達成スピードに差はあるものの，過去には手薄であった学校安全への対応が数字のうえでは着実に増加しているが，それでも学校の安全管理に関する事件はあとを断たず，一方では課題も見えはじめている。

課題のひとつは，地域組織の脆弱性についてである。地域主体の防犯体制はあくまで保護者や地域住民によるボランティア組織であり，法的な義務や強制力をもつものではない。そこで地域のネットワークが十分に形成されていない場合，どうしても安全管理の仕事のやり方の不統一・不徹底や，目の行き届かないケースが増えることになる。そして地域のネットワークが強固ではない新興の都市部ほどに，地域で日常目にする人々が地域住民の顔見知りでない場合が多く，したがって不審者も出入りしやすい状況がつくられやすい。さらに当然のことながら，地域住民が加害者となる事件もしばしば報道されている。こうした地域の安全管理組織の充実は大きな課題である。

また，「開かれた学校」との兼ね合いに関する課題もあげることができる。安全管理に関する意識が全国に波及するにつれ，学校の門扉を閉ざし，外部者の入構を一人ひとりチェックすることで，不審者の校内への侵入を阻止する体制が徐々に確立されてきた。しかし一方で，学校がその教育機能を十全に発揮していくためには，さまざまなかたちでの地域からの協力が不可欠だ。また，同時に学校は地域のコミュニティ活性化の中核としても機能することが求められている。「学校の入構チェックが実施されてからは学校に気楽に入りづらくなった」という地域の人々の声をしばしば耳にする。「開かれた学校」の推進という観点から見るならば，地域の住民が気軽に学校を訪れ，日常から学校の教職員と親交を深めていったほうがよいことはいうまでもないだろう。監視の目が強化されすぎると，地域の人々にとって学校の敷居が高く感じられるようになり，「開かれた学校」を推進していくうえでの障壁となる可能性がある。

さらに，地域の安全に対する不安は子どもの遊びのコミュニティの弱体化に

拍車をかけることにもなった。多くの地域で登下校は集団で行うようになったり，ボランティアが配置されるようになったりしてきた結果，子どもたちが学校外で集団で遊ぶ場面が減少したことは多くの調査から指摘されている。寄り道やたまり場の喪失という点では，すでに少子化傾向や塾・習い事の普遍化，ゲーム機器の普及の影響として指摘されてきたことではあったが，地域の安全不安は子ども間のコミュニケーションの場の喪失に追い打ちをかけることになった。

3 学校の情報

1 情報セキュリティの確保

　近年，学校事務や生徒の教育管理の多くの場面で電子メディアが活用されるようになった。このことは効率化の観点からは望ましいが，電子化された情報は情報の複製が容易であるためひとたび外部に漏れるとはどめがかからないというリスクもある。電子情報には常に漏洩や破壊の可能性があることを意識しておく必要がある。メールやインターネットは，パスワード等で保護をかけたとしても，他者にのぞかれる可能性があることを前提として活用するほうが無難だ。また，コンピュータの廃棄に関しても注意が必要であり，単にファイルを消去しただけでは，コンピュータ内に情報は残ることを念頭におき，廃棄時にはハードディスクを物理的に破壊するなどの配慮が必要とされる。

　メディアの活用に際してとくに注意が必要なもう1つの点は，学校ホームページの管理運営や保護者とのメール等を通じてのやりとりに関係するものである。双方向メディアの利点は，それが情報を発信する手段となるのみならず，学校教育の改善に資する情報を収集したり，意見交換をしたりすることが容易なところにある。保護者や生徒の対話の場としてウェブ上に掲示板などを用意している学校も少なくない。ウェブ上の掲示板は有効活用されれば学校にとって有益であるが，下手をすると「あらし」や個人中傷の場になることや，犯罪につながる可能性さえある。学校の管理するホームページや掲示板には教職員が常日ごろからアクセスする体制をつくり「ほったらかし」にしないことが重

要である。

2　プライバシーの保護

　プライバシーの問題もデジタルメディアの普及とともにその重要性を増している。プライバシーを考える際にふまえておかなければならないのは，何がどこまでプライバシーにあたるかについて憲法や民法の一般的規定以外に根拠があるわけではないということである。児童生徒の住所や家庭事情などの個人情報の管理を徹底することはもちろんだが，一般にプライバシーという場合にはより広範な情報が含まれる。

　プライバシーのひとつである肖像権についてはとくに神経を使う必要がある。たとえばホームページや学校だより等で写真をもちいて学校の様子を紹介する場合，一般論としていうならば，学校の施設・建物の写真や，人が写っていても遠方からの撮影画像であるなど，個人が特定されないようなかたちで掲載される場合には問題がおこることはまずない。一方で不特定多数の者に悪用される可能性のあるような写真や，生徒の名誉を毀損するようなおそれのある写真や作文や絵などの児童生徒の作品は当然掲載すべきではない。

　難しいのは両者の間にあるグレーゾーンが大きいことである。学校から発信する情報を児童生徒の生の姿の出てこない情報提供に限ってしまえば安全だが，保護者や地域の人々に学校の様子を生き生きと伝えるためには，ある程度のリアリティが必要だ。保護者や地域の人々の望むのは学校で活動する子どもや教師の生の姿を垣間見ることができるような情報であろうし，そうした要素のない計画や施設の紹介ばかりであれば，学校からの情報提供はきっと味気ないものとなってしまうだろう。

　ではどうすればよいか。日常からどういう学校が情報を提供しているのかをきちんと説明し，関係者の了解を得ておくことである。そして少しでも迷ったならば，そのつど本人や保護者に了解を得ることだ。単純だが，これがもっとも信頼の置ける方法である。

3　知的所有権の保護

　第3に，出版物や各種報道などから新しい情報を取り入れ，保護者や地域に向けて発信していく際の，著作権など知的所有権の問題である。著作権法第21条で「著作者は，その著作物を複製する権利を専有する」とあり，原則として，著作物を複製することのできるのは著作者のみである。しかし，これには一部例外規定もあり，正確に理解されていない場合もある。とくに誤解を生んでいるのは，第35条の「学校その他の教育機関（営利を目的として設置されているものを除く。）において教育を担任する者及び授業を受ける者は，その授業の過程における使用に供することを目的とする場合には，必要と認められる限度において，公表された著作物を複製することができる。」という規定である。授業のなかで本の一部をコピーして活用することは一定程度許容されうるが，新聞記事をコピーして他の教職員に配布したり，研究会の参加者に教材のコピーを配布したりすることは著作権法上認められていない。

　また，第32条の「公表された著作物は，引用して利用することができる。この場合において，その引用は，公正な慣行に合致するものであり，かつ，報道，批評，研究その他の引用の目的上正当な範囲内で行なわれるものでなければならない。」という規定も誤解されていることがある。たとえば新聞報道等に関する著作権の扱いもよく誤解される。著作権法では新聞や報道にかかわるいくつかの事項について，一部自由に使えるような規定もあるが，原則として利用する際には承諾が必要である。たとえ自校に関するニュースでも，記事や写真をそのまま無断でホームページや学校通信に転載すれば著作権の侵害にあたる。報道の一部を各種通信やホームページのなかで「引用」することは可能であるが，その際出所を明記することはもちろん，その必然性があることや，質・量とも「主従の関係」でなければならないなどの条件を満たさないと問題になりうる。

4　情報公開・開示請求への対応

　行政機関の保有する情報の公開に関する法律（2001年4月1日施行。以下，情

報公開法），行政機関の保有する個人情報の保護に関する法律（2005年4月1日施行．以下，個人情報保護法）が施行され，学校内での情報の取扱いに，いっそう神経をとがらせる必要が出てきた。職員会議議事録等，学校の社会情報の公開請求や，指導要録等個人情報の本人開示の請求への対応も考えておくべきだ。

情報公開・開示請求はともに「知る権利」を保証する制度であるが，情報公開制度は住民から信託を受けた行政機関がその権限行使の実態を知らせる仕組みであり，個人情報の本人開示は個人のプライバシーを保護するための仕組みであるから，その法的根拠は異なる。

情報公開や個人情報の開示請求が行われた場合，被請求者が「公開・非公開」や「開示・非開示」を決定し，決定に不服の場合は請求者は不服申し立てをすることができる。その場合，第三者の立場に立つ審査会等で審査されるが，こうした一連の決定に不服の場合，請求者は訴訟手続きに入ることができる。

情報公開や本人開示が請求されてから学校があらためて文書を作成しなおすことはできない。請求がなされてしまってから個々の学校にできることは多くはない。この対応は日常から不信感を抱かれないように積極的に情報提供を行うとともに，常に公開を意識した文書づくりを心がけるということに尽きる。

4　不登校

1　不登校の現状

かつて「学校恐怖症」，「怠学」と呼ばれた現象は「登校拒否」といわれるようになり，「不登校」という言葉が今日ではもっとも多く使われる。不登校はめずらしくはないしどの子にも起こりうるという理解が定着してきた。しかし，学校にとって不登校は大きな課題である。不登校状態にある児童生徒をかかえる学級担任は多くの場合，大きな時間的・心理的負担を覚悟しなければならない。

もっとも不登校それ自体がただちに問題であるわけではない。不登校になったとしても，学校の外に成長の場を見つけることで，よりたくましく成長した例は枚挙にいとまがない。不登校が危機管理の対象であるのは，それによって

150　第9章　学校の危機管理

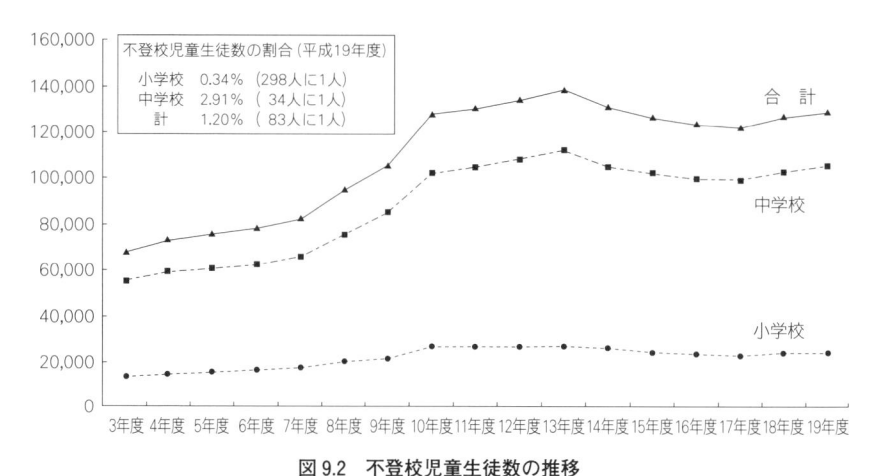

図 9.2　不登校児童生徒数の推移
（文部科学省「平成 19 年度児童生徒の問題行動等生徒指導上の諸問題に関する調査」，文科省 HP より）（速報値）

児童生徒の安全が脅かされたり，学校の教育活動が成り立ちにくくなったりするからではなく，不登校現象が拡大することにより，学校という場で効率的に遂行されてきた児童生徒の学習権を保障することが，より難しくなるからである。不登校の児童生徒の統計上の実態を図 9.2 に示す。

不登校児童生徒数は 1991（平成 3）年から 2001（平成 13）年度までで約 2 倍になり，それ以降は児童生徒数のうえではやや減少傾向であったが，2006 年度にはまた増加に転じた。生徒数自体が減少しているので，割合で見ると 2006 年度は中学生で過去最高の比率であり，小学生では 2001 年をピークに，ほぼ横ばいの状態にある。

不登校の背景は複雑だ。文部科学省では「不登校状態となった直接のきっかけ」と「不登校状態が継続している理由」について全国的に統計をとっている。それによれば直接のきっかけでは，「いじめを除く友人関係をめぐる問題」(18.4%) や「学業の不振」(7.6%) などの学校生活に起因することが全体で 42.6%，「親子関係をめぐる問題」(10.9%) や「家庭の生活環境の急激な変化」(6.1%) など家庭生活に起因することが 22.0%，「病気による欠席」(7.5%) やその他本人にかかわる問題 (38.8%) などが 46.3% となっている。また「不登校状態が継続し

ている理由」では「不安など情緒的混乱」が35.1％，「無気力」が27.6％「あそび・非行」が9.0％と続く（「平成19年度児童生徒の問題行動等生徒指導上の諸問題に関する調査」いずれも複数回答可，2006年度，国公私立小中学校の合計）。

ただし，この原因の特定については注意しておく必要があろう。というのも，上の統計は教員を通して把握した現状であるが，学校を長期にわたり欠席している児童生徒の状態や本人をとりまく環境について十分に把握しているとはかぎらないからだ。さらに，原因の特定には，それを見る人の視点が大きく影響する。本人の健康・精神衛生状態やそれをとりまく学校や家庭等の個別の背景に目を向ければ，そのいずれかに原因は帰属されるであろうし，教育の多様化や登校圧力の低下，自明視されてきた学校教育の存立基盤のゆらぎ等に目を向ければ，マクロな観点から説明することもできるであろう。

2　不登校関係施策

さて不登校現象に対して，国はいかなる対応をしてきたのであろうか。ここでは1992年の「学校不適応対策調査協力者会議」による「登校拒否（不登校）問題について」を発展的に継承するかたちで提案された2003年3月の不登校問題に関する調査協力者会議報告書「今後の不登校への対応の在り方について（報告）」（以下，報告書）を中心に政府の施策の動向を探ることにしよう。

まず「報告書」では，不登校の現状とその背景について調査をもとに検討が加えられている。ここで不登校の要因・背景は多様化・複雑化し，原因の特定が困難であることにふれられている一方で，登校に対する義務感の薄れなど社会的背景との関連や，「LD」，「ADHD」や「ひきこもり」との関連についても言及されている。そのうえで報告書では，安易に「問題行動」として受け取られることを危惧し「不登校問題」という表現も回避して児童生徒の立場から不登校に取り組むことを強調し，「将来の社会的自立に向けた支援」，「連携ネットワークによる支援」，「学校の役割」，「働きかけの重要性」，「保護者や家庭への支援」の5つの視点をもって不登校に取り組むことが提案されている。

学校の取組みについては学級編制・教育課程上の工夫に加え，「保健室，相

談室等，学校内の「居場所」づくり」，「スクールカウンセラー・心の教育相談員との連携協力」，「個別指導記録の作成」等が提案されている。そのうえで，これらを包括するコーディネーター的な役割を果たす不登校対応担当の役割を明確に位置づけて，学校内外の連携を構築し学校の指導体制を構築していくことが提案されている。

関係機関との連携については訪問指導や IT 活用のほか，入所・通所型の取組みに関し「適応指導教室」(教育支援センター)の指導体制を充実するとともに，「適応指導教室」や教育センターが中核機能を果たし地域ネットワークを形成すること，また社会教育施設の体験活動プログラムの積極的活用や公的機関と民間施設や NPO との積極的な連携が強調されている。

さらに教育委員会の役割として，不登校の実態の把握や学校に対する支援・条件整備のほか，適応指導教室に関する指針づくりと官民の連携ネットワークのための中核的機能の整備充実に関し，コーディネーター的な役割を果たすことなどが提案されている。

報告書の終わりの部分では「画一的な不登校像を安易に描いて論ずるのではなく，不登校児童生徒の将来の社会的自立を目指し，一人一人の状況をふまえて，その「最前の利益」が何であるかという視点に立ち真剣に考えていかなければならない」と結ばれている。こうした，「報告書」の方針を受け，多角的な対応が行われている。学校ではスクールカウンセラー等の校内教育相談体制の充実や，体験学習やボランティア活動等を生かした心の教育の充実をはかるほか，2004 年度までに 1152 カ所の教育支援センター(適応指導教室)を設置している。

ネットワークの構築を模索する動きも盛んである。1999 年度に導入された SSP (スクーリング・サポート・プログラム)事業は，2003 年度から 2007 年度にかけての SSN (スクーリング・サポート・ネットワーク)事業に引き継がれ，児童委員や保健所，不登校を支援するフリースクールなど，より幅広い協力関係の構築が模索されている。さらに 2005 年度からは「不登校への対応における NPO 等の活用に関する実践研究事業」がスタートし，不登校児童生徒への指導・支

援の実績のある NPO, 民間施設等との連携組織の構築が模索されている。

3　不登校から見えるもの

不登校に対応する姿勢は自治体によりさまざまである。大阪府が 2005 年 1 月にその後 3 年間で不登校児童生徒数を半減させる計画を発表するなど,具体的に数値を決めて不登校児童生徒数減をめざす自治体も増えてきた。一方で埼玉県志木市のホームスタディ制度 (サクランボプラン) や大和郡山市の IT 活用による不登校児支援 (ASU) など,従来の枠にとらわれない,新しい学習形態を模索する動きも出始めている。

不登校現象を子どもの病理としてではなく,児童生徒の個と学校というシステムの不適合問題として考えるならば,不登校を通して見えるのは,そうした揺らぎのなかで,苦悩しつつも新たな方向を見つけ出そうとする学校制度の試行錯誤の姿であるといえるだろう。学校にとって,不登校児童生徒の増加は,とりもなおさず教育機能遂行における不確実性の増加であるが,その不確実とどう向き合っていくかということを通して,社会の変動と公教育との関係があらためて問われているといえるのではないか。

おわりに

以上,学校の危機管理に関してその一部を見てきたが,学校の危機管理の多くは,当事者の視点に立つならば,きわめて具体的かつ迅速な対応が要求される課題である。しかし同時にこれらの危機の多くは,教師の力量不足や学校の機能低下によって生じたというよりは,現代社会の急激な変容のなかで,学校の対応が追いついていなかったり,危機に対応するための方途が限られていたりすることによる場合が多いのである。したがって,学校の危機管理を考えるに際しては,個別の危機への対応方法を知ると同時に,学校という一組織に可能な対応とはどこまでなのか,教育の機能分担とネットワーク化の視点を基本に据えて考えることが,学校の対応能力が飽和状態をこえないためにも重要である。

そしてこのことは、学校の危機管理について知るだけではなく、逆に危機管理から学校について考える視点をもつことの重要性を示唆するものでもある。学校の危機管理を通して、時代の求める教育のあり方と、学校という制度との関係をあらためて考えてみてほしい。

【武井　敦史】

考えてみよう
1. 児童生徒の安全を確保しつつ、地域の人々が学校に気軽に出入りすることができるようにするためにはどうしたらいいだろうか？　あなたの近くの学校を事例に考えてみよう。
2. 学校のホームページを作成する際、児童生徒の個人情報に注意しながらも、学校のリアルな姿を伝えるためにはどんな工夫が考えられるだろうか？　さまざまな学校のホームページにアクセスして、ユニークな事例を探してみよう。
3. もしあなたが学校の教師で、児童生徒や保護者に「どうして学校に来なければいけないのですか？」と尋ねられたなら、どう答えるだろうか？
4. 今後増大すると予想される学校の「リスク」にはどのようなものが考えられるだろうか？　社会の変容と関連づけて述べてみよう。

参考文献
渡邉正樹編著『学校安全と危機管理』大修館書店，2006年
坂田仰編『基礎からわかる学校の個人情報保護対策』学事出版，2005年
保坂亨『学校を欠席する子どもたち－長期欠席・不登校から学校教育を考える－』東京大学出版会，2000年

第10章　学校運営とミドルリーダー

1　いまこそ，ミドルリーダーが求められている！
　──ミドルリーダーの育成：小学校現場からの発信

1　ミドルリーダーが求められる背景──特色ある学校づくりを求めて

　いま，学校に求められているのは地域・保護者の願いを受けて，21世紀を誰もが豊かに健やかに生きていける社会を担う子どもをはぐくむ学校を，地域保護者の参画を得ながら構築していくことである。求める学校の明確なモデルはない。子ども，地域・学校の実態に合わせたビジョンが描かれねばならない。そしてそのビジョンを現実の姿に移していかねばならないのである。未来の夢を託すことのできる子どもの育成，こんな大がかりな事業を展開していく力がいま学校に求められている。

　現場で，学校づくりへの夢が語られるようになったのは，ここ十数年である。京都市でいうと「21世紀の学校づくり」事業（2001年）[1]が展開されるようになって以来現実のものとなった。それまでの学校は，文部科学省・教育委員会が求めるナショナルカリキュラム，スタンダードカリキュラムを，いかに確実に子どもに届けるか，標準的な良い学校をいかにつくっていくかが最大の関心事であった。また学校は聖域で，外部に開いていくことには大きな抵抗や戸惑いがあった。一方，学校内部では個々の教員の専門性が最優先に大切にされ，お互いを干渉しない，いわゆる「学級王国」の世界であった。切磋琢磨の文化は存在せず，教員の向上心，その力量には大きな個人差が生まれていた。校長・教頭はその教員の力量差に個別に対応していかねばならない時代が長く続いていた。保護者の思いは担任へ，地域の願いは校長にと，情報共有も課題への組

織的な取組みの展開も非常に困難であった。

　少子化・価値観の多様化と教育現場をとりまく状況は大きく変化していった。その変化に学校は取り残され，子どものなかにいじめ・不登校・学力格差の増大，ひいては学級崩壊とさまざまな様相を呈するかたちで，課題を突きつけられることになった。担任は学級内の問題をなんとか自分の手だけで解決しようと，本来力となるはずの責任感や真面目さが邪魔をし，どうしようもなくなってから校長に報告が届くようになる。また「そんなことは私にはわかりません。校長に聞いてください」と自ら組織の一員であることを放棄するような言動，校長が地域に向かって，即時に判断できないような組織の弱みを露呈することにより，学校の信頼は地に落ちた。社会の変化に追いついていない学校，そんな学校に社会の変化のなかで逞しく生き抜く子ども，さらにより良い社会の形成を志向する子どもの育成が可能であろうか。否である。

　校長は自校の課題と課題克服のための方策について，組織の構成員との共通理解をはかろうともちろん努力した。多くの校長は長年培ってきた確かな専門性に支えられた教育理念と，目の前にある課題の確かな理解に基づいた方策を打ち出した。そして，ついに校長たちがリーダーシップを発揮し始めた。小学校では校長・教頭・教務主任はいつも「一枚岩」の合言葉のもと，教頭・教務主任が明確に学校でのライン機能を発揮し始めた。校長の意を汲み，その思いと方策を教職員に浸透させていく献身的な努力が，また校長の豊かな人間性と強いリーダーシップの発揮で，ライン機能への警戒感が強い現場のなかにも，そのライン機能は次第に回復してきた。教育委員会の支えもあった。研究主任・学年主任を通して学校教育のめざすところは伝わり，学年や学級の状況把握もできるようになり，学校として1つにまとまってきた。なによりも学校に起こっている問題・課題は今や一教員だけで解決できるものではなくなってきており，協働しなければならない現実が押し寄せてきているのも大きな要因としてはたらいた。また地域や保護者に学校を開き，課題を共有してもらい協力・参画を得なければならない状況でもあった。

　そこで発揮されたものの多くは，本来のリーダーシップではなく，小島弘道

が指摘するヘッドシップ(2)であった。教職員は校長の期待にどうこたえていくかに、自己の意識改革のエネルギーの多くを費やし、多くの学校は落ち着きを取り戻し、信頼回復の兆しを見せてきた。「教育は組織なり」「組織は人なり」という言葉が学校現場で唱えられるようにもなってきた。校長の人となりからも、牽引力は強くなり、学校組織は安定してきた。

しかし、本当に学校組織の機能ははたらいているのかという視点から見てみると、はなはだ心もとないものでもあった。校長の意を汲むこと、学校としてやらねばならないことをきちんとしようする教員は育ってきた。が、問題解決に向けて校長以上の提案が出てこない。「問題は教室で起こっている」のである。そこに課題を見いだし、学校教育のめざす方向からそれることなく（時には修正が必要だが）自己の培ってきた専門性と照らし合わせながら主体的に判断し行動を起こすことが必要なのである。そこで見たものは「校長先生どうしましょう」という悩む顔であった。多くの成員は「指示待ち」教員となってしまったのである。

でも、常に躍動している学校も、京都にいくつか出現してきた。物足りないと感じる学校と、どこが違うかと見てみると、学校教育の活性化がみられ、教職員の意欲的な姿があるのである。そこには確実に若手教員が育っているのである。またその若手教員と校長・教頭・教務主任との間に、数人の力量をもつ中間的な教員の存在が見えるのである。校長に代わって学校の取組みを自信満々に語る教員がいる、溌剌と子どもの先頭に立ち、活動する若手教員がいる。夜遅くまでスタッフ会議が開かれている。校長が勧めても帰ろうとしない教員集団がある。ミドルが確実に育ち、大きな役割を果たしていることが垣間見えるのである。

2 ミドルリーダーに期待するもの──経営スタッフに、憧れの存在に

いま、学校はモデルのない学校づくり、特色ある学校づくりに挑戦していこうとしている。そのなかでミドルに期待する役割を4点あげてみたい。

(1) 提案者としての役割

　学校の進むべきモデル像は校長が描く。校長の培ってきた教育理念のもと，自校の教育課題を真正面に受けとめ，教育目標を定め運営構想を練っていく。校長の大きな責務である。しかしそのビジョンと運営構想が確実なものであり，より豊かなものであるためには，その学校の成員メンバーの血と汗が流れていることが不可欠である。小学校では，校長，教頭，そこに教務主任が加われば，校長の運営方針を伝え，徹底していくことは組織の大きさから考えればそう難しいことではない。また学級の表面的な様子・情報はこのラインで把握することも，情報メディアの活用も追い風となり可能になってきた。そこに，いわゆるミドルリーダーと考えられる研究主任や学年主任がその機能を発揮すれば鬼に金棒である。しかし，そこで生まれてくる戦略は校長のそれを超えるものにはならないし，その実行にいたって教職員の協働意欲が底に流れていないならば，それ以下のものにもなってしまう。ミドルリーダーに期待するものは，校長の運営構想に，新しい発想を加え提案ができる経営スタッフとしての機能発揮である。子どもたちに一番近い若手の教員，若手に近いミドルの教員，ベテラン教員，学校を方向づける校長・教頭，それぞれが双方向でつながる教職員集団が望まれる。校長の理念・方針を確実に理解し，さらにこれから求められる教育の方向を察知しながら，目標実現に向かって，自校のメンバーで何が，どのように取り組んでいくことができるのか，戦略を立てるマネジメント能力を発揮するミドルが求められる。ボトムからの提案ができるミドル，トップからの意思をうまく反映させるミドル，つまりは学校のブレイン・中核的役割を果たすミドルの出現を校長は望んでいるのである。

(2) 魅力あふれる指導者としての役割

　次に，若手を育成する専門性に長けた人間的魅力あふれる指導スタッフとしての機能発揮を期待したい。新学習指導要領が告示され学力の要素があらためて提示されるなかで，確かな学力を子どもたちにつけていくこと，その内容も領域も，キャリア教育・英語活動・PISA 型読解力・数学リテラシー・科学リテラシー・規範意識の育成，また 6.3％の平均確率で存在する発達障害の子ど

もたちへの適切な指導など，直面する教育課題は，どんどん拡大専門化してきている。教員は学び続けなければならない。教員のいままでの自分の技量で良しとする意識，お互い波風立てずという間違った同僚意識（横並び意識）を払拭し，授業改善・子ども理解に向かっていこうとする学校教育集団の高まりが求められている。この気運の醸成（協働性の喚起）の中核にミドルの存在があってほしい。ミドルには自己の経験から蓄積された専門的力量はもとより，またこれからの教員に求められるさまざまな力量アップを支援指導できる能力をも期待したい。授業改善・積極的な生徒指導の実現に向けての方向性の提示とその指導である。

(3) 憧れの存在としての役割

若手教員が学ぼうとするのは，ともに汗をかこうとするのは，子どもへの情熱を共感できるところからスタートするのである。ミドルリーダーは若手教員はもちろん保護者・子どもの憧れの存在であってほしい。学校戦略が功を奏し，子どもの変容がみられ，学校が活性化したことを教職員が実感できたとき，それは間違いなく次への意欲とつながる。そのなかで教職員一人ひとりが確実にその力量を向上させているのである。しかしそれは情意だけの支えでは弱い。きちんとした理論に裏づけられ，意図的・計画的になされるときその戦略はヒットするのである。そういう意味での作戦を立てられる力量がミドルリーダーには必要であると同時に，このリーダーのようになりたいと若手の目標的存在であることが求められる。若手教員がリーダーに心酔し，同じ目的に向かい仕事をするとき，そのエネルギーの源は間違いなく内発的なものになるであろう。やがて彼らは次のミドルリーダーをめざしていくにちがいない。

(4) 地域に対する学校の顔としての役割

また学校は確実に地域に開かれ，地域保護者の参画を促す学校に変化してきている。そのなかで地域に対する学校の顔として管理職が出るのは当たり前になってきている。地域が学校の息吹を感じるのはもはや校長からだけではない。ミドルリーダーは学校の顔になりうることも期待されるのである。自分の言葉で学校を語ることができる教員の存在に，保護者・地域は学校への信頼を確かなものにする。また価値観の多様化するなかで保護者の学校への要望も多様に

なり，とうてい聞き入れられないものも出てきている。いま世間でいわれている「無理難題を要求する」保護者の出現である。「自分の子どもさえよければ」後はお構いなしであったり，時には保護者自身の生活の疲れを持ち込んだり，いままでにない対応を迫られる。そのときにきちんと学校の意思を伝えられなければならない。確かな理解に基づいたコミュニケーション能力が要求される。

3　ミドルリーダーをいかに育成するか
　──早くからの参画意識，リーダーの層を厚く

　では，戦略的なミドルリーダーをいかに育成すればよいのかに論を進めたい。
　現場では，ライン機能の回復に時間を要してきた。新しい提案よりも組織（校長）が示した運営方針をいかに確実に履行するかが中心課題となってきた。そこにはクリエイティブな力，創造力の育成が図られてこなかった。もちろん授業力の向上をはかってきたが，組織マネジメントについては管理職の課題として受けとめてきたのではないだろうか。長く続いた学級王国の時代に，組織の一員という自覚すらなかったのではないだろうか。ライン機能の回復に，主任制度の確立や職員会議の位置づけを明確化する教育政策がとられた。また今期の改革で主幹・指導教諭という新しい職制を導入しミドルリーダーの育成に行政も本腰を入れ始めた。もちろん制度枠組みを変えることは，教職員の意識改革に大きな影響をもたらすことはいうまでもない。しかし真の改革・真の力量形成は学校現場の取組み如何にかかわってくる。

　前項で述べたミドルリーダーに求められる資質・能力の大部分は，いままでの校長がトップ以外は横一列という「なべぶた」・横並びの組織では活かされることが少なく，それらの能力が育つ土壌が弱かったといえる。小島が指摘するように組織は共通の目的，協働意欲，コミュニケーションが構成要素として存在しなければならない[3]。共通の目的は学校教育目標で示されていたが，理念的で具体的な目的にはなりえなかった。また協働意欲もコミュニケーションも小学校でいえば学年組織が中心で閉鎖的であった。そのなかで組織のミドルを育成するのは困難であったし，その必要感もあまり感じられていなかった。

いま，学校では形骸化した校務分掌を見直す気運がある。明確な目的がもてる部門に整理し始めている。社会変化にともなう新しい教育課題の多くは学年だけでは解決できず，学校として学年を横断するチームが必要となってきたからである。「学力向上チーム」「読解力育成チーム」「教材開発委員会」「学習開発委員会」「規範意識育成チーム」「いじめ・不登校防止委員会」「支援教育サポートチーム」等，従来の校務分掌ではなくプロジェクトチームを編成し取組みを進めるようになってきた。そこでのチームの目的は明確である。目的達成のための戦略が立てられるようになる。リーダーは他の構成メンバーに取組みを伝え協力・参画を求めねばならないことも出てくる。職員会議からプロジェクトに企画立案機能は移行していく。しかし職員会議は，課題の共通理解をはかる場として重要なことはいうまでもない。

　プロジェクトリーダーは否応なしにその資質・力量を向上させていく。「立場が人を育てる」のである。プロジェクトの設置にあたっては，最初は校長からの指示になるが，組織が育ってくると，企画委員会（構成は学校によってさまざま）あたりでどんどん案が出てくるようになる。また「主任からの提言」と，自分の所属する部門から，自校の現状を分析し，提言（具体的取組みも含めて）する機会をつくることも有効である。朝の学習・読書タイムの提案，各学年に合った家庭学習予定表の作成，子どもの個人カルテ作成の提案等さまざまな企画が出されるようになる。もちろん授業改善に向けての校内研究体制もそうなると確かなものが構築されるようになる。そんななかで，検証された仮説が確かな授業法になっていく。校長の出番はだんだん少なくなる。各プロジェクトのリーダー，学年主任，教務主任，研究主任，生徒指導主任等々リーダーの層が厚くなってくる。厚いリーダー層のなかから，中心的役割を果たすミドルリーダーが出現，その責任も本人の自覚するところになる。そこに今回の学校教育法改正に基づく新しい職制としての主幹・指導教諭とうまくリンクすれば学校は間違いなく活性化するであろう。

　リーダーを育成するために，目的を明確にしたプロジェクトを組織し，その立場に立たせることなど，場を用意することが重要であることは述べてきた通

りであるが，そこで本当にそのリーダーが達成感を味わうために，校長・教頭のサポート体制が必要であることはいうまでもない。企画を練るとき，リーダーに徹底して付き合う，とことん話を聞く，とことん話をする。その過程のなかでリーダーは構想を確実なものにする。そしてチームでさらに確固たるものにしていく。最後に全教職員へ提案し共通理解をはかる職員会議では校長・教頭は全面支持をする。少々の危なっかしさには目をつぶるくらいの覚悟が必要である。そして成し遂げられたときの達成感は次への意欲となる。各プロジェクトが本気になればなるほど，プロジェクト内はもちろん学校総体の協働性が高まってくる。

　企画力や協働性の構築へ向けて働きかける力等はある年齢になれば突然開花するものではない。新規採用になりその学校組織の一員となったときから，その育成が意図されねばならない。もちろんまずは確かな授業力の育成が大きな課題ではある。各学校で若手研修と称して，20代の教員ばかりが自主的に研修する取組みが増えてきている。そこでは指導技術・保護者対応，子ども理解等，教師の力量としての基礎基本（校内研修では上がってこない内容）を互いに学ぶのである。この指導助言をミドルがする。ミドルの力量もこの機会で向上がはかれる。また若手教員にも学校運営参画の意識をもたせることが重要である。現在，行政による組織運営に関する研修等はいわゆる中堅教員対象に行われているが，もっと早い時期から必要ではないかと筆者は感じている。学校現場では，プロジェクトチームに参画，その一員として活動するところからその自覚を育てようという試みが始まっている。

　京都市では学校運営協議会の設置が進んでいる。この取組みのなかでもミドルリーダーの活躍の場をもくろんでいる。まずは校長・教頭と地域を歩く，地域行事に全教職員が参加するところから始めている。地域のようすを早くから実際に知ることは，地域の期待や思いを直接肌で感じることで，保護者の接触だけから学ぶ以上に教員のキャリア形成に効果があると考えている。教員は授業が生命，その指導力向上など個々の教員としての専門性がまず高められなければならないが，並行して若いときから学校組織運営に参画するなかでその素

養を磨くことは大切なことである。ミドルリーダー，チームリーダー等リーダーの層を厚く育成していくことが，これから取り組んでいかねばならないことである。

4　今後の課題と可能性──さらなる学校改革へ

　現実に目を戻すと取組みについての学校間格差があり，学校内部にも教員の力量差はある。

　力量差だけではなく，取組みの差も存在する。常に新しいことにチャレンジしようとする教員，現状に満足している教員とさまざまである。これらの格差をどのように是正していくのか，また協働意欲に高めていくのか校長の手腕が問われるところでもある。教育再生会議第1次報告に頑張っている教員を徹底的に支援し，頑張る教員を全ての子供の前に「メリハリのある給与体系で差をつける，昇進面での優遇，優秀教員の表彰」の提言[4]があったように，人材を育成するためのメリハリのある処遇は必要であると考える。今期の法改正で新たな職制（主幹・指導教諭）が引かれるのもその流れを受けていると思える。この制度をうまく取り入れれば，学校組織の活性化への可能性が大きく開かれるが，その活用を誤りライン機能ばかりが強調されることになれば，それは組織の疲弊感を大きくするだけになり，真の意味のミドルリーダーの育成が，校長の学校経営の要になるといっても過言ではないだろう。

　求められるミドルリーダーが活躍する学校をつくるということは，いままでの運営方式を変えるということにつながる。学校にとっては組織の変革である。組織変革に挑戦する，新しい発想で取り組んでいくとき，学校が生き生きとその輝きを増してくると考えられる。

　ミドルの機能がしっかりはたらくところ，もしくはミドルリーダーを育てようとする気運と，その場が保証されるところに，小島のいう「戦略的・機動的な学校運営」が展開され，協働や参加，そして同僚性が息づき，力強いリーダーシップがみられる学校組織となりうるのである。そこに，まだ誰もが経験したことのない学校を創造する夢が広がる。

【藤村　法子】

2 ミドルリーダーを生かした中学校・高等学校経営の活性化

1 中学校・高等学校の今

　時代の変化が激しくない時代は，わが国が誇っていた全国均一の教育水準の維持という大儀のもとで，各学校は学習指導要領に則り，教育委員会の指示を受け，学校運営を進めておけばよかった。ところが社会が激しく変化し，それに呼応して教育改革が次から次へと進むなかで，学校は従来の経験だけでは対応することが困難な時代に入ってきた。あわせて規制緩和が進められ，教育委員会によっては公立中学校にも通学区域の弾力化を導入するところも現れてきた。学習指導要領は大綱化，最低基準とされ，義務教育である中学校においても創意工夫することが求められるようになった。深刻な生徒指導上の問題などは，家庭だけでなく地域や関係機関を巻き込んだ対応が必要となるなど，学校だけで解決することが困難になっている。高等学校においては少子化にともなう生徒数の減少により全国的に統廃合が進められたり，中学卒業者の学校選択幅の拡大を広げるため通学区域の拡大化が行われたりするなど，競争に生き残るために特色化をはからざるをえない厳しい状況になってきた。いずれの校種においても開かれた学校づくりや説明責任が求められ，学校評価・教員評価システム，学校評議員制度も導入されるなど各学校の教育の質が問われるようになっている。

　このような環境変化に対応するため学校は自律性・自主性の確立が必要となり，校長は従前にも増してリーダーシップを発揮し，学校教育目標，それを達成するための経営ビジョンと戦略を明確に提示し，組織や成員の向かうべき方向を示し，組織的に，かつ機動的に対応しなければならない。教職員は校長の経営ビジョンを理解して生徒や保護者と直接向かい合うことになるが，大規模な中学校や高等学校では管理職だけでは経営ビジョン等の浸透やそれに基づく組織的な活動は困難であろう。校長のビジョンを教職員に伝えることは当然のこととして，教職員の意見等を生かし組織目標を協働して達成するボトムアップをはかることにより組織として経営ビジョンが実現するのであり，ここでは

管理職と違う立場で同僚や若手教員を指導・助言する役割を果たす人材が必要である。とくに教員の年齢構成上，今後増加する若手教員の指導は全国的に喫緊の課題である。

このキーパーソンとなるのが主任層であるミドルリーダーである。大規模な中学校や高等学校は管理職，主任層，担任等の教職員層におおむね区分することができるが，ミドルリーダーは教職員の中間的な位置にあり，管理職と担任等の教職員層とをつなぎやすい立場にあるので，校長のリーダーシップによる組織マネジメントには欠かすことはできない存在である。ここでは学校組織における主任層のミドルリーダーに期待する役割や育成について述べることとする。

2　ミドルリーダーに期待する役割

第1には，校長の「経営スタッフ」としての自覚の下，校長の経営ビジョンを具現化するアイデアをもつなど企画・立案の力をつけることである。学校内外の環境の変化がそれほど感じられないときは調整型，前例踏襲型のリーダーとして役割を果たすことができたかもしれないが，激動する時代では絶えず今までの目標や教育活動を見直す必要があるので，経営ビジョンの実現に向けて企画力，創造力，分析力などが発揮できる戦略型のリーダーとなることが大切である。校長のシンクタンクとして学校内外の環境を見据えたマクロとミクロの視点をもつ，「経営の担い手」としての役割を期待したい。

第2には，ミドルリーダーは分掌組織での職務を通して学校経営に携わることが基本となるので，分掌をマネジメントする力量が必要である。小島弘道が指摘するように，「経営は部門という組織を活用して，その効果を高める」[5]のだから，中規模以上の中学校や高等学校では学校経営のビジョンを実現し，展開するため，まず分掌規模での組織の活性化に重点をおくことになる。ミドルリーダーは主任の役割である企画・立案，連絡・調整，指導・助言を行いながらリーダーシップを発揮し，組織を機能させることになる。分掌のトップリーダーとして，分掌組織の経営を行うので，分掌組織の目標を達成するために

は管理職と構成メンバーをつなぐ役割が求められることになる。ここではトップの方針を伝えるだけでなく具体的な取組内容レベルまで構想し，構成メンバーの異なる意見を調整したり，要望を組織経営に反映するなどボトムアップをはかり分掌の活動を活性化するマネジメント，いわゆるミドル・アップダウン・マネジメントが期待される。もちろん素案の策定段階，案を確定するまでに管理職の指導を受ける必要はある。

　第3には，上記の職務を通して，構成メンバーを指導助言するなかで同僚性や協働性を高めるとともに，次期リーダーの育成を心がけることである。具体的には校長の示した経営方針に基づき分掌の目標案を作成する段階，実施する段階，評価する段階を通して構成メンバーとともに内容を検討することで目標の共有化をはかり，その過程でコミュニケーションをとり，分掌としての協働関係をつくることが必要となる。ミドルリーダーの人間性，専門性，指導力などに信頼を寄せるなかでメンバーのモラールは高まる。メンバーの相談に乗ったり，時にはアフターファイブの企画をするなど職員とのコミュニケーションに努めることも必要であろう。

　第4には，分掌間をつなぎ組織活動の一体化をはかることである。学校の組織はマトリックス型であるといわれ垂直型組織の校務分掌で職務を完遂できないことが多い。分掌と分掌をまたがる内容が交錯しているなかでは他の主任との連絡調整は欠くことができない。ミドルリーダーが連絡調整することを通して学校としての組織活動の一体化をはかり，学校としてのベクトルを1つの方向に揃えることが求められる。

　第5には，「評価と公開」が求められる学校経営において経営スタッフとして説明責任が果たせることである。ミドルリーダーとして職務を遂行するなかで相手に説明し理解させる力が必要である。保護者や地域社会の関係者との対応，場合によっては学校評議員にも説明責任を問われることになるだろう。公立高等学校は通学圏の拡大にともない，生徒確保のため広報活動が重要になっている。ミドルリーダーは自校の広報担当者の役割も担っている。中学生や保護者，学校関係者へ自校の教育活動についての質問に明確に応じなければなら

ない。説明責任の根拠は学校評価に基づいて行うことになるので，担当分掌だけでなく学校評価全般にわたる理解が必要である。もちろんミドルリーダーとして教職員，保護者，地域の実態などの最新の情報を収集していることも求められる。

3 ミドルリーダーを育てる

　ミドルリーダーの養成は，職場のなかで職務を遂行する過程で直面するさまざまな問題や課題を処理し，解決することで身につける方法 OJT (On the Job Training) と職場や職務を離れて研修や研究する方法 Off-JT (Off the Job Training) [6] の二面から検討することが必要である。まずは OJT の側面から考えたい。

　第1には，新たな課題に対応する経営ビジョンを実現するための企画・立案力を高める機会を与えることである。ミドルリーダー層はややもすると各分掌組織の職務内容に限定してしまいがちである。国や市町村の改革の流れのなかで学校の改革が求められる場合は，分掌など縦割り組織で改善をはかるだけでは十分でない。新しい課題に対応する経営ビジョンを達成するため各分掌組織を横断して創意工夫する必要がある。そのため学校の組織改革の手立てとして活用されているプロジェクトチームを設けたい。とくに中・長期的ビジョンの具体化をはかるには，校長だけ，管理職だけでは時間的にも内容的にも難しいのが現実であろう。ミドルリーダーからプロジェクトチームのメンバーを選び，新たな課題に対応する校長のビジョンや戦略の実現に向けて知恵を出すなかで学校経営の参画意識を高め，「経営スタッフ」として育成したい。検討した事項を運営委員会においてミドルリーダー全員で共有することで協働意欲も高まるし，この場はミドルリーダー自身が学校経営について進言する貴重な機会にもなる。このようななかで調整型から企画立案型のミドルリーダーへ転換させたい。

　第2には，ミドルリーダーに学校経営マネジメントを絶えず意識させることである。今日では人事考課である教員評価が行われており，校長が示した経営

ビジョンを受けて教職員一人ひとりが学校経営計画の具現を自己申告というかたちで求められる。ミドルリーダーは管理職に報告・連絡・相談というかたちで接することが多いので，管理職はこの場をとらえて分掌の目標の実現状況を確認しながら評価し，分掌のマネジメント，学校経営マネジメントを自覚させることである。また校長がミドルリーダーで構成する運営委員会などでミドルリーダーに学校経営方針の進行管理状況を報告させ，PDCAのサイクルによる学校経営マネジメントを絶えず意識化させることも必要であろう。なお校長が適切な機会にミドルリーダーに発する声かけは本人のモチベーションを高めるものである。

　第3には，「公開と責任」が問われるなかではミドルリーダーに外部機関等と対応する機会を多くもたせることである。開かれた学校づくりが学校経営のキーワードのひとつになっていることも含め，関係機関，他の校種，PTAなどとの連携や学校評議員会への説明等が重要となっているが，これらの会議等にミドルリーダーが学校を代表する立場で参加することにより説明責任を果たさなければならない場面が出てくる。その時，担当分掌だけでなく，学校の教育活動全体を把握して自分の言葉で語らなければならない。ここでは学校の外部の関係者との連携をはかるなかで連絡調整能力なども育てることができるだろう。

　第4には，学校内外の情報を収集させることで問題解決していく力を高めさせることである。情報は現在では「人，モノ，金」につぐ，学校経営の要素になっている。学校内はもちろん，保護者，地域の情報を収集することは当然として，全国の先進事例を収集することは理想と現実のギャップから問題を発見し解決する力を育てるのに役立つ。その意味で先進校視察を実施したい。派遣するミドルリーダー，場合によっては意図的に若手を同行することもあるだろうが，最低複数のメンバーで視察させ，その内容を他のミドルリーダーにも報告させる。こうした知の共有化をはかる体制が問題解決する力をアップさせることにつながる。

　次にOff-JTから考えると，ミドルリーダーに長期研修を受講させ新たな角

度から学校経営を考えさせることも必要であろう。教育委員会や教育センターのミドルリーダー研修，国レベルの教員研修センターの中堅教員研修，さらには大学院への派遣などが考えられる。校長は長期研修などにミドルリーダーを派遣すると校内の指導体制が低下することが予想されることからためらうこともあろうが，研修による自己啓発は欠くことができないので大局的な立場で参加させたい。また「仕事が人をつくる」，「立場が人をつくる」といわれるように人事異動を計画的に進めることが大切である。学校間異動だけでなく教育行政の経験も積ませたい。管理職は優れたミドルリーダーをいつまでも自校にとどめておくことはできないとの認識をもち，人材育成をすることが求められる。小規模校では管理職，ミドルリーダーとしての教務主任で直接教職員をリードして指導していくことになるが，公立学校の職員は必ず異動するので，若手教員であっても，先を見越しミドルリーダーが果たすべき役割の一部でも経験させ，管理職がカバーしながら育成する必要がある。なおトップダウンの組織では人材を育成できないという考えもあるが，内容によってはミドルリーダーに任せることを決断するのも校長の判断であり，これができるからミドルリーダーを育成できると考えたい。

4　プロジェクトチームの効果

　課題解決に向けたプロジェクトチームの参加を通してミドルリーダーが育った事例を筆者の経験から紹介することとする。学校の教育活動の特色づくりのひとつとして「総合的な学習の時間」がある。目標は示されているだけなので，その内容は各学校で創造しなければならない。筆者が公立中学校長時代 (1998-99年) に「総合的な学習の時間」の研究指定校を受けたが，ここでは管理職，ミドルリーダーの研究主任，教務主任，学年主任をメンバーとするプロジェクトチームを立ち上げた。メンバーで先進校視察を行い，自校の取組みを進めるための構想，学校教育目標との関連をふまえた研究内容の明確化をはかった。教職員を4つのグループに分けて役割分担し，研究主任，学年主任はグループのリーダーとして国際理解，情報，環境をキーワードにして研究の具体化を進

めるようにした。会社，市役所，大学の図書館など学校外との連絡調整を進めるとともに，各グループが構想した内容を研究授業というかたちで学年ごとに実施していったが，このことは教職員にとって協働化を進めるだけでなく，経営ビジョンを意識する機会となった。この成果はグループのミドルリーダーが共通理解，協働意欲，コミュニケーションに力を注いできたからにほかならない。ここでは「総合的な学習の時間」の研究を通してミドルリーダーが学校経営を意識し，研究スタッフから経営スタッフに変化できたと考えている。

　公立高等学校長時代（2003-06年）は，高校改革の一環として通学区が拡大されることになり，この課題に対応する特色ある学校づくりを進めるため，プロジェクトチームを立ち上げた。当初は32クラスの大規模な高校であったので，運営会議の参加人数が多いため，どうしても会議が連絡調整の場になりがちであった。新しい学校づくりのコンセプトをつくるため運営委員会の構成員のなかから教務・進路指導・生徒指導・企画の各主任を選び，管理職を加えての少人数のプロジェクトチームを編成することとした。このメンバーで素案をつくり運営委員会で報告し，主任層が担当分掌の教職員と連絡・調整するなどボトムアップをはかりながら経営ビジョンの具体化を進めた。プロジェクトチームのメンバーは会議のつど課題解決のための新しい戦略を提案してきたので，校長としてメンバーの案はできるだけ取り入れるように努めた。そうすることでミドルリーダーのモチベーションが高まり，専門学科の新設，地元企業の研究所との連携授業，研修旅行での大学見学会の実施，制服の変更，土曜学習会の実施，小学生対象のスポーツ教室など特色ある学校づくりのための戦略を次々と打ちたてて「生徒の進路希望の実現を図る学校づくり」を進めることができた。後ほどメンバーのひとりは「従来は各分掌の主任が一人で考え，個別に校長に相談していたアイデアを他の分掌の主任と一緒に練り上げていくことができるようになった。より完成度の高い取組みにつなげることができたという点で，プロジェクトチームの意味は大きい」と述懐している。このことは分掌横断型の新しいミドルリーダーを誕生させたともいえるのではないだろうか。

　加藤崇英の指摘するように「あくまでマネジメントの主体はトップリーダー

としての校長にあり，その構想や方針に従ってマネジメントが展開されるなかにミドルリーダーは位置づくといってよい」(7)ということは肝に銘じておくべきであろう。学校経営参画の機会が多いほど，その職務を通してミドルリーダーとして成長する可能性が高まるのであって，参画する環境や分掌が用意されないとリーダーとしてブラッシュアップはできないと考えたい。ただプロジェクトチーム方式は恒常的な分掌事務と違い，編成の目的，構成員，設置期間などを明確にしておかなければならないだろう。目的を達成するごとに組織のスクラップ・アンド・ビルトを行い，メンバーも一部入れ替えをすることで多くの主任層に学校経営への参画意識をもたせモチベーションを高めることがよいだろう。

5　ミドルリーダーと主幹教諭や指導教諭との関係をどう考えるか

　主幹教諭や指導教諭が配置されている学校は全国的にはまだ少ないが，主任層のミドルリーダーとの関係はどう考えたらよいのだろうか。主幹教諭は校長の命を受けて担当する校務について一定の責任をもってミドルリーダーに指示することになる。指導教諭は授業をもちながら他の教員に教育指導の改善充実のために指導助言を行うことになるので，ミドルリーダーのなかでリーダーシップの発揮を求められる職であろう。

　現在多くの学校では毎日管理職だけで学校経営上の打合わせを行っていると推察されるが，このメンバーに主幹教諭を加え，さらにミドルリーダーの中核となる指導教諭を入れ，校長を中心とするラインの強化をはかりながら，他のミドルリーダーとの違いを出すことが考えられる。運営委員会，職員会議などにおいても主幹教諭や指導教諭の役割を明確にし，これらの会議等の機動的，効果的な運用に役立てることも必要になる。

　学校においては，主幹教諭や指導教諭を単独に設置するのではなく主要な主任を兼務させることになることが多いだろうが，主幹教諭はその位置づけのうえから教務主任，生徒指導主任などを兼ねることが想定される。指導教諭については，指導助言機能が主となることから学年主任に位置づけるのが効果的で

はないだろうか。大規模な中学校や高等学校においてミドルリーダーである学年主任は学校経営上重要な役割を果たす存在である。学年主任は学級経営や担任の意向等について連絡調整したり，学習指導や生徒指導などにおける協働体制等について指導助言し，学年だけで処理できないことは，管理職や他の主任との連絡調整もする。学年内でのミドル・アップダウン・マネジメントを効果的に実施するなど指導助言機能の発揮が強く求められるからである。いずれの職にしても，主任職と兼任させる場合は従来の主任と新しい職との違いを教職員に明確に示し，ミドルリーダーのなかでリーダーシップが発揮できるようにすべきであろう。なお主幹教諭，指導教諭が効果的に機能するには授業時数等の軽減が必要となるので，人的な措置が求められる。　　　　【阪梨　學】

注
（1）　校長が自校の課題を明確にし，どのような学校をつくっていくのか，そのビジョンと経営戦略（学校実態と課題を明確に示し，校内の組織をどのように組み替え，地域の資源・人材をいかに活用するか，主だった取組とその評価法など）を3年次計画にまとめ，委員会に提出書類審査が通れば，教育委員会幹部の前で校長がプレゼンする。最終審査を経て研究指定校となれば，この事業に必要な予算が打たれ，学校づくりを展開していくというもので初年度は小学校では17校（181校中）が指定を受け，順次拡大していった。
（2）　小島弘道『21世紀の学校経営をデザインする（下）』教育開発研究所，2002年，49-50頁。
（3）　同上書，162頁。
（4）　教育再生会議第1次報告，2007年1月24日，13-14頁。
「〈教員の質の向上〉
4．あらゆる手だてを総動員し，魅力的で尊敬できる先生を育てる
⑵　頑張っている教員を徹底的に支援し，頑張る教員を全ての子供の前に
教育現場で日々奮闘し，児童生徒のために汗をかいている教員がおり，彼らは教育再生に重要な役割を負っています。こうした教員の努力に報い，社会全体が教職の素晴らしさを認めることができるような環境を整えるには，教員の能力と実績の積極的評価とそれに連動した人事・給与などの諸制度の改革が不可欠です。」
（5）　小島弘道『21世紀の学校経営をデザインする（下）』教育開発研究所，2002年，141頁。
（6）　同上書，78頁。

（7） 小島弘道編『時代の転換と学校経営改革』学文社，2007年，250頁。

考えてみよう
1．ミドルリーダーに求められる資質・能力について考えてみよう。
2．ミドルリーダーに求められる資質・能力がどんな場や経験で形成されるか考えてみよう。
3．主幹教諭とミドルリーダーの関係を考えてみよう。
4．指導教諭とミドルリーダーの関係を考えてみよう。
5．主任とミドルリーダーの関係を考えてみよう。

参考文献
高階玲治編『学校を変える「組織マネジメント」力』ぎょうせい，2005年
文部科学省『学校組織マネジメント研修』2004年
佐久間茂和編『ミドルリーダーを育てる』教育開発研究所，2007年
北神正行編『リーダーシップ研修』教育開発研究所，2004年

第11章 子ども参加と学校づくり

　2000年の分権改革を受けて,近年,全国の自治体の教育改革の一環として,「開かれた学校づくり」の取組みが行われている。開かれた学校づくりとは,「教師,子ども,保護者,住民(地域の機関を含む)の学校参加」[1]による学校づくりのことであるが,その設置形態は,学校評議員制度・地域運営学校・学校運営協議会・三者協議会など,各自治体や各学校によってさまざまであり,構成メンバーも,子ども・親・教師・地域住民などのいずれを含むかは,やはり,さまざまである。

　開かれた学校づくりのもっとも重要な特徴は,「子ども(生徒)参加」である。これまで,子ども(生徒)は,教師の「教育的指導(学習指導と生活指導)の対象」とされてきた。しかし,子どもの権利条約(1989年)の提起する子ども観の影響もあり,開かれた学校づくりでは,子どもを,「権利行使の主体」としてとらえる必要がある。これは,教師の意識改革を求めるものである。そうすると,開かれた学校づくりでは,教師の指導性(専門性)と子どもの(参加の)権利は,従来のそれと比較してどのようなものになるのだろうか。

1　子ども参加と学校づくりの実践研究

　では,子ども参加の開かれた学校づくりとは,具体的にどのようなものだろうか。その例として,長野県辰野高校の三者協議会・辰高フォーラム[2]と高知県の土佐の教育改革[3]を取り上げ,そこでの子ども参加とそれが教師の指導性(専門性)のとらえなおし(=教師の意識改革)に与える影響,という観点からみてみることにする[4]。

1　事例研究(1)――長野県辰野高校の三者協議会・辰高フォーラム

　1997年に三者協議会を設置して以来，生徒の服装やアルバイト，授業改善などについて，子ども・親・教師の三者で活発な議論を行っているのが，長野県辰野高校である。

　長野県辰野高校（長野県では県立○○高校という言い方はしない）は，長野県伊那盆地の北端にある上伊那郡辰野町にある，生徒数551名（普通科346名・商業科205名，2007年度末現在）の2つの学科を有している高等学校である。学校の教育目標は，「①21世紀をたくましく生きる力として，自主的に学び主体的に考える力を育みます。②基礎・基本となる内容を重視しながら，生徒一人ひとりの個性の伸長を図ります。③社会の変化をふまえ，地域に根ざしつつ地域に開かれた学校づくりを進めていきます」（2007年度学校案内より）である。

　辰野高校では，三者協議会や辰高フォーラムに先だって，1995年5月11日の生徒総会で採択した，「服装自由化宣言」や，1998年1月21日に全校生徒とPTA役員，全教職員が集まり発表・採択した，「私たちの学校づくり宣言－学校憲法宣言」など，その土台となる取組みがあった。これらの取組みのうえに立って，三者協議会や辰高フォーラムは誕生したのである。

　三者協議会は，「私たちの学校づくり宣言」を作成した学校憲法宣言委員会が生徒会に参加を呼びかけ，そこにPTAも参加し，日本国憲法施行50周年の1997年12月20日に発足したもので，原則として各学期に1回開催され，生徒会・PTA・職員会は機関討議と機関決定があれば，学校運営について何でも提案することができるようになっている。三者協議会は，「辰野高等学校のより良い学校づくりをめざす生徒・父母・教職員の三者協議会」要綱の第1条【目的】にある「憲法・教育基本法・子どもの権利条約に則った辰野高等学校のより良い学校づくりをめざし，生徒・父母・教職員が定期的に話し合いをもつための，三者による協議会を設置する」という理念に基づいて運営されており，構成は，第3条【組織】で，生徒会執行部と各学年の生徒代表9人，PTA正副会長と各学年の父母代表5人，教頭・教務主任・生活指導主任の教職員代表3人で，係教職員2人とオブザーバー（公開制によって誰でも参加でき，

意見が言える)の参加で開催されることが定められている。これまでに，三者協議会を通じて，たとえば，アルバイト規定，制服・標準服問題，授業などが改善されてきた。

辰高フォーラムは，地元の中学校が生徒・父母に辰野高校についてのアンケートをとったところ，評判がよくなかった，という結果を提供してくれたことをきっかけとして，1994年度から始まったもので，学校・PTA・同窓会の三者による共催として，年1回開催されている。その内容は，地域住民に授業を公開し，その後，地域住民と生徒・PTA・教職員・同窓会などが，辰野高校の教育について懇談会をもつというものである。これまでに，辰高フォーラムを通じて，たとえば，ゴミのポイ捨てやマナーなどの問題が改善されてきた。

2007年度生徒会長の栗林夏美は，三者協議会について，「三者協議会は，三者それぞれの意見を聞くことができ，三者で学校を変えることができるのです。私はこの三者協議会が辰野高校で行われていることを誇りに思っていて，もっと多くの学校に取り入れてもらいたいと思います」と述べ，また，辰高フォーラムについて，「フォーラムは地域の皆さんと，学校や町のことについて話し合う場なのですが，地元にいながら，私たちの知らない地域の活動を知ることができるし，生徒会や学校で行っている活動を知ってもらう良い場になっています。そして学校のことを知ってもらうことで，より地域に密着した学校をめざしています」と，自分たちが経験したことの感想を述べている。そして，「三者協議会・フォーラムは辰野高校をより良い学校にするためにとても重要なものとなっています。私たち生徒会でも大切にしていかなければならないことだと思っています」と，その意義を語っている[5]。

2007年度教頭の日岐正明は，三者協議会の成果として，「生徒会役員選挙の関係で，初めて出席する2学期末の協議会では，思うように意見発表できなかった生徒が，1年後の協議会では，堂々と意見発表ができるようになる」，「学校の運営やルールづくりの一部に生徒が加わることで，生徒に学校生活に対する責任を持たせることができる」，「アルバイトや服装の問題など，生徒・保護者と合意の上で決定したことなので違反した生徒には指導がしやすい」，「一方

的に教える傾向になりやすい授業に対して、生徒から批判されることにより、職員も授業を改善しようと、努力を重ねている」をあげており、また、辰高フォーラムの成果として、「参加生徒にとって、教職員・保護者・地域住民との話し合いを通じて、社会的存在である自分に気づき、自分の意見を多様な場において発表できるようになる。他者からの批判や要望を受けとめてそれに応えようとする能力が育つようになる」、「教職員にとって、保護者・地域住民・生徒からさまざまな質問や意見が出され、教育活動の情報公開の場として説明責任の力が向上し、日々の教育実践が保護者・地域住民・生徒との協働によって成り立っていることが実感できる」、「保護者にとって、保護者としての教育権の自覚が芽生え、積極的に子どもや学校と関わるようになる」[6]をあげている。

　三者協議会と辰高フォーラムを設立したときからかかわってきた国語科教諭の宮下与兵衛は、「開かれた学校づくり」について、「学校を開くことに教員が一番消極的であると思われる。その原因は、「そうした声を聞くなどといったん言ったら、どんな要求を出されるか分からない。父母の要求は多様だし、生徒はきっと勝手なことを言うだろう。学校運営は教師がやっていくのが一番楽で安全である」という本音があるからである」という。しかし、辰野高校での三者協議会・辰高フォーラムの取り組みを通して、「協議会では学校のほとんどのことについて話し合われるので、情報公開の場でもある。……今まで「閉鎖的」とされてきた学校現場では、教職員にとって勇気のいることでもある。協議会の話し合いの中で、……批判に対して、それをごまかさず、受け止める度量が必要になる。また、生徒や父母からさまざまな質問も出されるので、アカウンタビリティー（説明責任）能力が必要になる。……体罰など行き過ぎた指導はなくなる。生徒に接する態度も温かくなる。授業に対する要望が毎年提出されるので、授業を分かりやすく魅力的なものにしようとする努力が必要とされる。これらは教員の力量の向上につながっている」[7]と、教師の子ども観や教育観に変化があらわれたとしている。

　このように、辰野高校では、子ども参加を基軸として、PTA、教職員、校長・教頭などの管理職が共同する学校づくりが行われている。そして、三者協議会・

辰高フォーラムという取組みを通して，生徒は日々成長し，主体的に自分の人生を生きるようになる。このこと自身が，教師の子ども観や教育観をかえることを求める契機になっているのである。

2　事例研究(2)——高知県・土佐の教育改革

1997年より，橋本大二郎高知県知事（当時）のリーダーシップの下，開かれた学校づくり推進委員会を小学校・中学校・高等学校の各校に設置し，子ども・親・教師に地域住民も加わるかたちで参加型学校運営の取組みを行っているのが，高知県・土佐の教育改革である。

土佐の教育改革は，橋本県知事が1995年秋の2期目の選挙時に，県民参加の教育改革である「土佐の教育改革」を公約として掲げて当選したことに端を発し，1996年には，公開討論の場である審議会「土佐の教育改革を考える会」（委員33名）が設置された。構成メンバーは，高知県の5つの教職員組合の委員長5名，県議会の各会派の代表，PTAの会長，小中高の校長会の会長，一般の保護者，県民，企業などである。そして，そこでの議論を受けて，高知県教育委員会が，「①教員の資質・指導力の向上，②子どもたちの基礎学力の定着と学力の向上，③学校・家庭・地域の連携による教育力の向上」を柱とする施策を策定し，1997年度から，「土佐の教育改革」がスタートした。

高知県教委は，①の施策については，教員採用増，長期社会体験研修を，②の施策については，授業評価システムの導入を，③の施策については，各市町村に地域教育推進協議会の設置・地域教育指導主事の派遣，各学校単位の「開かれた学校づくり推進委員会」の設置，などを行った。

さらに，高知県教委は，県民中心の「土佐の教育改革フォローアップ委員会」を設置して，年2回開催した。そして，2006年にはその検証と総括の提言を行うために，「教育改革10年を未来につなげる会」を設置し，土佐の教育改革は，現在，終了している。

ここで注目すべきは，③の施策のひとつとして，各学校に，「開かれた学校づくり推進委員会」の設置を呼びかけ，「設置要綱（例）」を示したことである。

これによると，委員は，「次に掲げる者のうちから校長が委嘱又は任命する」ことになっていて，その最初に，「児童・生徒の代表」があげられている。これは，「子どもが主人公」をスローガンとして掲げた土佐の教育改革が，そのことを具体化したものと考えることができる。

たとえば，高知県立丸の内高等学校の「ドリームズ・カム・トゥルー懇話会」，高知県立宿毛高等学校大月分校の「ENJOY SCHOOL LIFE 委員会」，高知県立高知工業高等学校「授業改善検討委員会」など，子ども参加の学校づくりに積極的に取り組んだ学校はいくつもあるが，ここでは，中学校が子ども参加の学校づくりに取り組んだものとして，奈半利町立奈半利中学校を取り上げてみたい。

奈半利中学校は，生徒数115名（2000年度末現在）の小規模校で，高知県の示した「設置要綱」の内容をふまえて，生徒・保護者・教職員が全員参加する「三者会」という協議機関を独自に設置している。三者会は，毎年度，年間計画をたててさまざまな取組み（準備）をしたうえで，年度末の1月に開催している。三者会には，町の教育長・教育行政や希望する地域住民も出席し，参考意見を述べることができる。

「開かれた学校づくり　奈半利中学校　共和制推進要項」（2001年度教育計画・学校要覧より）には，「我々はこの奈半利中を，目指す学校像の「仲よく楽しさに満ち，一人ひとりが夢を育める学校」に近づけるために，生徒と教職員そして保護者の三者による協調の新たな方法や考え方を工夫しなければならないと考えた。それはあたかも，地域の方々に支えられた三者が共和制をとり共に悩み考え，目指す学校像に至る道を模索してゆく姿でもある。またこの取り組みは，将来的には生徒や保護者も可能な限り学校経営や運営にまで参画し，それぞれの立場に応じた権利と責任を自覚し合い，三者にとって魅力的な学校を創造することを目指している」とあり，【目的】には，「お互いに要求や要望を出し合い，そのことの実現を目指し活動する。しかしそれだけにとどまらずさまざまな課題に対して共通理解を深め，奈半利中の「生徒，保護者，教職員」としての連携の質の向上を図る。そして学校生活を活性化するため，三者がそれ

ぞれの立場で責任と権利に基づき，主体者意識を持って，目指す学校像に近づく」と書かれている。この学校要覧については，保護者版が印刷されて全家庭に配布されている。

この三者会について，2001年度生徒会長の高松佑妃は，「奈半利中学校を卒業し，高校に入学した私は，今改めて，奈半利中学校の生徒であったことを誇りに思っています。……高校生になって改めて「三者会」の大きさ，大切さを知りました」と振り返り，三者会では，「何より，その要求が認められた時に，それと同時に作られたルールを守っていかなければならない」のであり，その前提として，「先生・保護者・生徒の三者の間に信頼があってこそ三者会が成り立つので」あって，「自由の中にもある程度の規則があるのではないでしょうか。その"ある程度の規則"は個人の判断に任せられるのです。それは信頼されていないと任せられないことなのです」と，自分の経験に基づいてその意義を語っている[8]。

これに対して，2001年度校長の小松芳夫は，職場の実態として，「事務的で済ませる職員会」，「ただの看板になっていた研究テーマ」，「反対すれど創造はせず」ということがあり，それを変えるためには，「職員一人ひとりが「学校経営や運営の当事者」的意識になることだ」として，「人はその組織の手足でなく，頭脳として舵取りや意思決定にも「関わったとき」，初めて真剣にその組織のことを考えると思った」から三者会に取り組んだのであり，その結果，「取り組みを重ねるうち，卒業する生徒の言葉に，こういった活動（三者会―筆者注）に誇りを感じている様子がうかがわれはじめた。それは，自分たちで学校生活に手を加え改善し，そこに発生する責任をも意識化しつつあるものであり，我々の意識も徐々に変化した」[9]と，生徒の意識の変化が，教師の意識の変化にまで影響を与えていたことを語っている。

このように，奈半利中学校の学校づくりでは，生徒が学校づくりに主体的に参加することで，主権者として生きるためのルールやマナーを学び，そのことが，教師の教育活動に対しても影響を与えているのである。

2 子ども参加と学校づくりの理論研究

　では，長野県辰野高校の三者協議会・辰高フォーラムと高知県の土佐の教育改革の事例をふまえて，学校づくりにおける子ども参加の意味を考えてみることにする。

　そもそも，学校づくりは，教育活動の一環である。それは，学校づくりが，子どもが人間主体となるための教育活動であることを意味している。三者協議会や開かれた学校づくり推進委員会は，学校にとっては，学校経営のための協議機関であるが，子どもにとっては，特別活動として理解される。特別活動は，生徒集団の自主的・主体的参加がなければ成り立たない活動であり，経験的学びを通して，教科学習では十分に獲得することのできない，集団的自治を組織する力を獲得することを目的としている。つまり，民主主義を具体的に行動する主権者になるためのトレーニングとして三者協議会や開かれた学校づくり推進委員会は機能しているのであり，子どもが自らの人生を主体的に生きる契機を発見するために，学校づくりにおける子ども参加が行われているのである。これは，学校において「子どもの参加の権利」を実践することにもなっており，教育条理を具体化したものだということもできる[10]。

　ここで考える必要があるのは，学校づくりに子どもを参加させさえすればよいのか，ということである。特別活動が教育活動であることからすれば，学校づくりに，教師の教育的指導（学習指導と生活指導）は欠かすことができない。この教師の教育的指導は，教師の専門性と呼ばれるものでもあるが，辰野高校や奈半利中学校における学校づくりでは，教師の専門性を，教師だけで学校をつくるというような従来の専門職支配の力として把握するのではなく，子ども理解を深めるために，教員同士で「同僚性」を形成し，生徒や父母とともに学校をつくるというような「パートナーシップ（参加協力）」の力として把握し，その力を飛躍的に向上させる努力をしている。つまり，「開かれた専門性」と呼ぶべきものである[11]。

　なぜ，教師たちは，学校づくりの当事者としての子どもの参加を考えたのだ

ろうか。それは，学校改革にとって，「子どもの声を聴く」ということが，決定的に重要だと認識していたからだろう。それは，「学校評議委員制に子どもを含めないとしても，子どもの意見や要求を聴いて学校経営を進めることに消極的であってはならないだろう。もはや世論が許さない。保護者に対するのと同じように，子どもに対しては学校評議員制とは別な機会を設けて子どもの意見や要求を聞く機会はあってよいと思われる。また子どもを学校評議員制にかかわらせているところもある。多様なやり方が試みられてよい」(12)と指摘されている通りである。このことを子どもの立場に即して考えてみると，三者協議会・開かれた学校づくり推進委員会では，子どもは自らの意見を繰り返し表明することで自らを社会的存在として認識し，その意見に耳を傾ける教師などの大人との間に「信頼関係」をつくることになる。その過程で，自らにかかわることに参加することの重要性に気がつき，自らの責任を自覚しながら行動するようになるのである。つまり，「聴き取られる存在から参加の主体へ」(13)ということである(14)。

　ここで重要なのは，子どもが，聴き取られる存在から学校づくりの参加の主体へと転化するときの，「開かれた専門性」に基づく教師の仕事の独自性である。この転化のプロセスが，子どもが人間主体・主権者になるためにはもっとも重要なのであり，そこでの教師の仕事とは，学校における教育的指導だけでなく，親・地域住民・人間発達援助者などを子どものためにコーディネートすることである。そのためには，従来の教師の専門性に基づく教育的指導を，子どもの生存・成長・学習を支えるための「援助的指導」として把握しなおす必要があるのである。ここに，「子どもに開かれ，親に開かれ，教師に開かれた学校づくり」の固有性があるのである(15)。

　以上のことは，開かれた学校づくりのなかで深められてきた，子どもの権利と教師の専門性の関係である。このことは，子どもの権利条約（1989年）とILOユネスコ・教員の地位に関する勧告（1966年）をつないで理解することで，日本の教育実践の国際的意義として確認することができる。たとえば，子どもの権利条約第28条（教育への権利）は，ILOユネスコ・教員の地位に関する勧

告第6項の「教育の仕事は，専門職とみなされるものとする。教師の仕事は，きびしい不断の研究を通じて獲得され，かつ維持される専門的知識および特別の技能を教員に要求する公共の役務の一形態であり，また，教員が受け持つ児童・生徒の教育および福祉に対する個人および共同の責任感を要求するものである」と重ねて読むことで，子どもの権利は教師の専門性によって支えられていると読むことができる[16]。

かくして，学校づくりにおける子ども参加の意味は，①子どもにとっては，学校づくりに参加することで，人間主体として，自らの人生を主体的に生きるようになり，かつ，主権者として，社会参加をするためのトレーニングをするのであり，②教師にとっては，このような子ども参加を通して，教師のもつ子ども観を，「聴き取られる存在から参加の主体へ」と転換させ，教師の専門性を，「開かれた専門性」と呼ぶべきものへと把握しなおすことになる，ということができるだろう。

教師の専門性のとらえなおし，つまり，「それまでの子ども観や教育観を壊して，つくり直す作業というのは，「教師としての人間としての自分の生き方を問い直す」ことであり，教師をぎりぎりにおいつめるものである」[17]が，「学校経営は，教育の当事者としての子どもや親を視野に入れて展開されるべき性格のものである。その仕組みをどう構想するかは各学校において個性的，多様でありうる。子ども・親をパートナーとする学校経営を構想することが必要だろう。「子どもの権利条約」（批准，1994年）は，それをよりいっそう促す契機となった」[18]といわれている今日，子ども参加の学校づくりは，現代の教師と教育実践にとって，最重要の課題となっているのである。　　【宮盛　邦友】

注
（1）　浦野東洋一『開かれた学校づくり』同時代社，2003年，17頁。
（2）　詳しくは，宮下与兵衛『学校を変える生徒たち——三者協議会が根づく長野県辰野高校』かもがわ出版，2004年，参照。
（3）　詳しくは，浦野東洋一編『土佐の教育改革』学陽書房，2003年，参照。
（4）　このほかにも，埼玉県立草加東高等学校をはじめとして，北海道，群馬県，茨城県，

東京都，静岡県，滋賀県，和歌山県などの公立・私立の中学校・高等学校で，開かれた学校づくりが取り組まれている。事例の詳しい紹介については，浦野東洋一・勝野正章・中田康彦編著『開かれた学校づくりと学校評価』学事出版，2007年，日高教高校教育研究委員会・太田政男・浦野東洋一編著『高校教育改革に挑む　地域と歩む学校づくりと教育実践』ふきのとう書房，2004年，浦野東洋一編『学校評議員制度の新たな展開「開かれた学校」づくりの理論と実践』学事出版，2001年，坂田仰・加藤崇英・藤原文雄・青木朋江編著『開かれた学校づくりとこれからの教師の実践』学事出版，2003年，和歌山県国民教育研究所子どもと学校づくり研究班『白馬中学校調査報告書　子どもの声を生かした学校づくり』2003年，など参照。これらの取組みを含めて，全国で展開されている開かれた学校づくりを交流するために，「「開かれた学校づくり」全国交流集会」が，同実行委員会によって，年1回，2000年から開催されている。

（5）　栗林夏美「みんなでつくる辰野高校」浦野ほか，前掲『開かれた学校づくりと学校評価』146頁。
（6）　日岐正明「長野県辰野高等学校の実践」浦野ほか，前掲『開かれた学校づくりと学校評価』119・128-129頁。
（7）　宮下与兵衛「三者協議会と辰高フォーラム－長野県辰野高等学校－」浦野，前掲『学校評議員制度の新たな展開』155・158-159頁。
（8）　高松佑妃「私たちの三者会・私たちの名半利中」浦野，前掲『土佐の教育改革』86-88頁。
（9）　小松芳夫「やらされて馬力が出るか」浦野，前掲『土佐の教育改革』118-124頁。
（10）　子どもの参加の権利からの学校づくりの研究としては，喜多明人編著『現代学校改革と子どもの参加の権利－子ども参加型学校共同体の確立をめざして－』学文社，2004年，参照。
（11）　ここでいう「開かれた専門性」とは，浦野東洋一が「教職員が職場でお互いに，気軽に声をかける・声をかけられる，相談し・相談される，教える・教えられる，助ける・助けられる，励まし・励まされる，ほめる・ほめられる，癒し・癒されることのできる人間関係のこと」と指摘し，田中孝彦が，「教師たちが，子ども理解を深めることを軸にしながら，支えあう関係を創り出す」と指摘するものである。浦野，前掲『開かれた学校づくり』90頁，田中孝彦『生き方を問う子どもたち　教育改革の原点へ』岩波書店，2003年，117頁。
（12）　小島弘道『21世紀の学校経営をデザインする〈上〉－自律性を高める－』教育開発研究所，2002年，110頁。
（13）　勝野正章『教員評価の理念と政策－日本とイギリス－』エイデル研究所，2003年，141頁。
（14）　子どもの権利と教師の専門性の関係については，勝野正章「現代社会における「専門職としての教師」－「生徒による授業評価」を手がかりに考える－」堀尾輝久・浦

野東洋一編著『日本の教員評価に対する ILO・ユネスコ勧告』つなん出版，2005 年，参照．
(15) 教師の専門性と教育実践の共同性の関係については，小島弘道「教師の専門性と力量」小島弘道・北神正行・水本徳明・平井貴美代・安藤知子『教師の条件［第3版］－授業と学校をつくる力』学文社，2008 年，参照．
(16) 子どもの権利条約と ILO ユネスコ・教員の地位に関する勧告の関係については，堀尾輝久「ILO・ユネスコ勧告－子どもの権利と教職の専門性－」堀尾ほか，前掲『日本の教員評価に対する ILO・ユネスコ勧告』，参照．
(17) 勝野正章「教員評価・学校評価を問う」民主教育研究所編集『季刊人間と教育』第 41 号，旬報社，2004 年，28 頁．
(18) 小島弘道編『時代の転換と学校経営改革－学校のガバナンスとマネジメント－』学文社，2007 年，38 頁．

考えてみよう
1．学校づくりにおける子ども参加の意味とは何か．
2．学校づくりにおける教師の専門性とは何か．
3．学校づくりにおける子どもの権利と教師の専門性はどのような関係か．
4．学校づくりにおける教師の役割とは何か．
5．現代の教師と教育実践における子どもの権利条約と ILO ユネスコ・教員の地位に関する勧告の意義は何か．

参考文献
小川正人・勝野正章『新訂　教育経営論』放送大学教育振興会，2008 年
小島弘道編『時代の転換と学校経営改革－学校のガバナンスとマネジメント－』学文社，2007 年
小野由美子・淵上克義・浜田博文・曽余田浩史編著『学校経営における臨床的アプローチの構築──研究－実践の新たな関係性を求めて──』北大路書房，2004 年

第12章　学校づくりと保護者・地域住民

　近年,「学校づくり」という言葉が, さまざまな場において, また多様な意味合いで用いられている。明確な定義づけもなされておらず,「学校経営」「教育経営」等類似の概念との異同も不分明であるにもかかわらず, 多用されているのはなぜであろうか。この用語は, もともと教育実践運動のなかで使われてきた経緯があるが, 1990年代以降, 政策文書においても頻繁に使用されている。
　1991年の中央教育審議会答申「新しい時代に対応する教育の諸制度の改革について」においてすでに「特色ある学校づくり」という言葉が見られ, これは, その後の教育改革のキーワードとなっていく。1996年の中教審答申「21世紀を展望した我が国の教育の在り方について―子供に［生きる力］と［ゆとり］を―」においては,「自ら学び, 自ら考える力などの［生きる力］という生涯学習の基礎的な資質の育成を重視する」ために,「地域や学校, 子供たちの実態に応じて, 創意工夫を生かした特色ある教育活動を展開する」ことが必要であるとされた。こうした「特色ある学校づくり」は,「開かれた学校づくり」を要請することになる。1998年9月の中教審答申「今後の地方教育行政の在り方について」においては,「学校が地域住民の信頼にこたえ, 家庭や地域が連携協力して教育活動を展開する」ために「学校を開かれたものとする」ことが必要であり, 地域住民の学校運営への参画の具体的方策として, 学校評価と学校評議員の導入が提案された。その後,「学校づくり」という言葉は, 定義がなされないまま,「信頼される学校づくり」「組織としての学校づくり」「子どもたちにとって楽しい学校づくり」「安全な学校づくり」「地域に支えられる学校づくり」等, 多様なかたちで用いられるようになっていくが, そこに通底する学校像は, 家庭・地域との協働によって, それぞれの学校の状況に応じ,

個性ある豊かな教育を提供するというものであろうと推察される。

本章では，歴史的展開を追いながら，「学校づくり」論の内容を整理し，こうした「学校づくり」に，理論上および実践上，保護者・地域住民はどのように位置づけられるのかについて考察する。具体的には，[1]で「学校づくり」論がどのように生成され，いかなる内容を有していたのか，[2]で社会構造の変化がそうした「学校づくり」論にどのような影響を及ぼしたのかを整理し，[3]で1990年代以降進められてきた政策において，現実に保護者・地域住民がどのように「学校づくり」にかかわっているのかを検討する。

[1] 「学校づくり」論の生成

1　戦後教育改革期における「学校づくり」論の萌芽

戦後，「教育の民主化」をめざしてさまざまな教育改革が実施されるなかで，IFEL講習会や翻訳書の出版，文部省による『小学校経営の手引』『中学校・高等学校管理の手引』等の刊行を通じて，アメリカの民主的な教育行政・経営論が積極的に紹介されていった。

そのなかには，学校は社会の一部であって，社会の進歩向上に貢献しなければならず，そうした重要な役割を果たすために学校と郷土社会との間に密接な連関が必要とする「コミュニティ・スクール（郷土社会学校）」論が含まれており，「学校の画一性を打破し，それぞれの郷土社会に即しつつ，……子供にとっては各自の必要と興味が満たされ，最上の成長発達が約束された幸福な学校」[1]がめざされていた。さらには，地域社会の人々が学校の教育方針の樹立や計画の作成に参加することも想定されていた[2]。

また，学校内における校長と教職員との関係についても，民主的なあり方が重視されており，教職員会議への参加を保障するとともに，学校にかかわる問題を解決するために組織される諸会合を「教職員が，真に校長と協力できるために，腹蔵なく各自に意見を発表しうる機会」ととらえ，校長や指導主事には，教職員と協力して，それぞれの地域や学校の事情に応じて適切な教育組織をつくりだすように努力することが求められていた[3]。さらには，生徒に直接か

かわる問題を扱う会合への生徒代表の参加についても言及されていた[(4)]。

この時期においては，まだ「学校づくり」という言葉は用いられず，地域社会の中での学校としての意義を説き，地域社会の人々が学校の教育に関与することの重要性を提唱するものであった。

2　戦後教育再編期における「学校づくり」論の登場

しかしながら，こうした方向性は長くは続かず，世界情勢の変化にともない，これまでの政策を批判的に総括する動きが加速し，戦後教育改革についても見直しがはかられていくこととなる。そして1950年代半ばには，その後の教育行政・経営を決定づけることになる大きな変更が行われた。

1つは，教育内容に対して国家が急速に関与を強めていくなかで，「教育の中立性確保」の問題が焦点化され，1954年にいわゆる「教育二法」（「教育公務員特例法の一部を改正する法律」および「義務教育諸学校における教育の政治的中立の確保に関する臨時措置法」）が制定されたことであり，もう1つは，1948年制定の「教育委員会法」を廃止して，地方教育行政機構を大幅に変更する「地方教育行政の組織及び運営に関する法律」(1956年)が制定されたことであった。これにより戦後教育行政改革の原則は弱められ，その後の教育施策を打ち出していく基盤が整えられることとなる。それらは「教育内容統制の強化」と「学校管理体制の確立及びその強化」と整理することができるが，後者については，学校管理規則の制定（1956年以降），公立学校教員の勤務評定の全国的実施（1956年以降），校長・教頭の管理職手当の支給開始（1958年，60年），教頭職の法制化（1957年省令で規定，74年法律で規定），主任の制度化および手当の支給開始（1975年，77年）等があげられる。

こうした政策によってもたらされた状況を小島弘道は「56年体制」と呼び，①行政の側に教育経営の機能を引き寄せることで学校の行政末端機関化がめざされ，学校経営機能が縮小されたこと，②教育を行う機関としての学校組織の特殊性が排除され，学校内部の管理運営秩序の確立が重視されたこと，③任命制教育委員会制度によって，教育行政に住民や親の意向を反映するという意識

が弱まり，学校が親や住民に関心を向ける関係が失われたこと，④教育現場から組合（日教組）の影響力を排除することが行政の中心課題となったこと，をその特徴としてあげる。そして，これにより「学校は，専門的な独自な意思に基づいて運営されるとする認識が崩壊し，教育経営は学校の固有な機能ではなくなった」ことを指摘している(5)。

では，こうした状況は，研究面にどのような影響を及ぼしたのであろうか。「56年体制」への危機感が動機となり，「教育という事業にふさわしい組織と運営の在り方を学校に焦点づけて明らかにするという問題意識」(6)から，1958年に設立された教育経営学会は，新たに「教育経営」という概念を導入することにより，「従来のような法規の請け負い的な」「経営観にとらわれずに，全く新しく教育経営の考え方なり技術なりを創造的に開拓」することをめざすものであった(7)。そして，「学校経営の基本問題」として「校長，教師，父兄，地域社会代表者などの学校関係者の教育的識見を学校運営の上にいかに具体化するか，またそのための組織をいかに整えるか」(8)を明示した。

3 教育実践運動における「学校づくり」

この時期には，「教育行政」と「学校経営」の区別が明確になされるようになり，しかもそれを階層的に，つまり，「学校経営を教育行政の下位的機能に位置づけ」(9)て把握する向きが強くなっていく。そして学校教育の方向性を「教育の能率」に求めるか，もしくは「学校の民主化」に求めるかという思潮の差異(10)による拮抗関係が形成され，文部省対教員組合の対立は一層激化していった。

「学校の民主化」を志向する論においては，民主的「職場づくり」が重要な柱となり，職員会議の民主化と議決機関化，校務分掌の民主化と選挙制の採用，自主的・民主的な研修活動の保障等の学校運営の民主化，校長の位置づけととらえ方，職場の団結の問題，地域共闘の問題，教育労働者であるという自己認識の問題等が論議された(11)。「職場づくり」論は，学校で働く労働者の権利と労働条件を改善するとともに，学校という組織体が民主主義原則に基づいて構

築されるべきことを明確化するものとしてとらえられている。そのため，こうした「職場づくり」論から視野を拡大するかたちで「学校づくり」論が展開されるようになる。

　その内容は必ずしも一定ではないものの，「学校に対する教育行政の統制の強化の中で，学校の自律性，教師（集団）の自律性が否定されることを，また行政の合理化が学校現場に浸透することを，学校づくり＝職場づくりという考え方の中で，経営の民主化という原理を前面に打ち出すことによって防ごうとした」[12]ととらえられている。

　その理論的支柱のひとりであった持田栄一は，「学校づくり」を「教育実践の道すじを基礎としてそれとのかかわりにおいて現実の学校の仕組みを検討し，教育実践の効率をより高めるためにそれをくみかえていくための子どもや教師・教育行政関係者・父母・国民の主体的な実践と運動を総称したもの」と定義づけ，「学校づくり」論を「教育科学にきそをおいた教育の仕事と仕組みの組織論」として特徴づけた[13]。持田は，こうした学校づくりをめぐる教育運動の課題として，まず教師のあり方の問題を取り上げ，「専門家としての教師」と「労働者としての教師」の立場を相互に関連づけてとらえる必要性を指摘している。そのうえで，子どもの教育は学校だけでは果たせないため，家庭の協力が必要であること，近代社会では親権としての教育権が教育の基本とされ，父母が教育の主体者であることから，学校づくりへの「父母・国民の参与」を根拠づけた。

　また，実践としては，斎藤喜博による群馬県島小学校における学校づくりがよく知られている。それは，「教師一人ひとりの主体性の確立を目ざし，そのために，教職の専門性を確立するとともに，そのようにして確立された教職の専門性を基礎として，教育の論理によって，教授実践・学校運営・教育行政などの，教育のしごとのすべてを組織的に再編成することを課題とするもの」[14]であり，授業を中核とした学校づくり実践であった。そこに保護者・地域住民は，授業参観や部落懇談会を通してかかわっていた。授業参観は，授業を観た後，学級別に懇談を行い，その後，学校全体で校長による講演と教員による研

究発表を行うというものであり，教員と父母の授業研究会としてとらえられている。そしてこうした取組みによって，「村の一般の父母や青年が，学校教育を自分たちのものとして考え，関心を持ち，いっしょに学習し，学校の教育を自分たちの手で支え，押し上げていく」ことがめざされていた[15]。

4 教育権論争における保護者・地域住民の位置づけ

　文部省と教員組合の激しい対立は，教育裁判というかたちで法廷の場へと持ち込まれ，「教育をめぐる国家権力と国民との権利と義務との関係はいかにあるべきか」[16]が論究され，その過程で「国民の教育権」対「国家の教育権」という対立構図が生じてくる。

　憲法・教育基本法を基礎にした「国民の教育権」理論と「教育の自由」原理は，「子どもの学習権と親の教育権（義務），その共同化社会化された義務の委託としての教師の研究と教育の自由，親の教育への積極的な発言権，さらに社会の具体的には地方公共団体の教育機会配慮の義務と，教育内容への権力的不介入の原理を含む包括的な原理」[17]であるとされる。他方，「国家の教育権」の主張は，現代国家は，福祉国家として国民に対し健康で文化的な生活を確保することを責務とし，その際教育は欠かすことのできない重要な役割を担っているため，国が教育の目的，内容，制度等について決定し，実施する権能を有するというものであった。

　「国民の教育権」論では，公教育制度は親の教育権の「共同化」であり，教師は親の「信託」を受け，教育の専門家として子どもの教育にあたるととらえられ，他方，「国家の教育権」論では，国が公教育を運営する責任と権限を有し，親の教育権は国に「付託」されているととらえられた。しかしながら，親の教育権は，「国民」もしくは「国家」のなかに解消され，具体的な権利性については十分に論じられず，独自の位置づけがなされてこなかった。

　こうしたなかで兼子仁は，親の教育権の構成要素としての「教師・学校にたいする教育要求権」[18]に触れており，これを親が「教師に教育専門的判断を求める権利」ととらえている。「教育要求権」はあくまでも教育専門的判断を

求める権利であり，その判断に「親・父母が決定的な介入をすることは越権」となる。しかし基本的には，教師の教育決定権と親の教育要求権は，「論理的にも現実にもけっして矛盾せず両立できる」と予定調和的にとらえられていた。

2 社会構造の変化と「学校づくり」論

1 学校病理現象の顕在化

既述の「教育内容統制の強化」および「学校管理体制の確立及びその強化」として特徴づけられる一連の政策が実施される一方で，1960年代には教育投資論をベースとした教育政策が定立され，子どもと学校，そして社会との関係は，大きく変わっていく。経済界から出された「ハイタレントの養成」と「教育内容の現代化」という課題への対応は，過密な教科内容の詰込みと，そうした大量の知識の効率的獲得の可否を「能力」の判断基準として子どもたちを選別するという結果をもたらした。学校はそのための装置として機能し，子どもへの評価軸は一面的な「学力」に矮小化され，そうした「学力」の序列化は，学校だけでなく子どもの全生活における支配的な価値観として形成されていく。

そして「学力」が低いとされた子どもは，「落ちこぼれ」として疎外されていった。疎外された子どもたちは，次第に，非行や校内暴力，不登校やいじめ，自殺といったさまざまなかたちでの「異議申し立て」を行うようになり，それを押さえようと体罰や瑣末な校則による管理主義教育が深刻化していった。こうした「学校病理現象」は日本全国に広がり，学校に対する厳しい批判が噴出した。問題解決のために，「教職の質的向上」と「学校の運営の問題」に社会の関心が集まったが，結局は対症療法的な対応しかなしえず，学校のあり方を根本的に変革することはできなかった。

2 教師の専門性と家庭・地域との関係構築

研究面においては，学校内部での「学校教職員の協働とそれを保障する組織運営が不可欠」であることが強く意識され，保護者や地域住民との関係については，学校の教育実施機関としての組織的特質，つまり学校教育に対する社会

的認識や社会関係から生じる「責任性」からとらえられていた。学校には，保護者や地域住民から伝えられた多様な教育意思・要求を，「専門性」を媒介として受けとめ，調整しつつ，自らを独自な立場から組織化することが求められており，それは「学校経営の自律性」[19]と呼ばれている。そこでは，父母の私的な教育要求が出され，それが教師の専門性およびそれに支えられる自律性と相容れない場合を想定したうえで，学校が常に対外的な緊張関係を保ちつつも，独自な経営意思を形成するだけの質的内容を維持することが必要であると堀内孜は指摘している[20]。

3 地域に根ざす「学校づくり」実践

社会構造の変化は，家庭の教育力，地域社会の教育力の低下を招き，それにともなって，学校教育は肥大化してきた。当時，多くの学校は，地域社会に対して一方的に優位に立つか，もしくは地域社会から遊離して門を閉ざすものであった。そのようななかで，少数ではあるが，地域に根ざす教育・学校づくりに取り組んだ学校も存在しており，森垣修による兵庫県府中小学校における実践や澁谷忠男による京都府川上小学校の実践等が知られている。

府中小学校の実践では，子どもと父母の生活実態と教育要求についての調査を徹底的に行ったことが大きな特徴をなしている。それを教職員集団で討議して課題としてまとめ，方針を打ち出し，家庭・地域に協力を呼びかけたところ，その重要性を意識した父母からの提案によって，父母と教師による共同研究の場として「子どもを育てる会」が構成された。そして，地域ぐるみで教育方針をつくり，基礎的な学力を育てる取組みや生活の自立をめざした取組み，父母・祖父母との社会科づくりを進めていった。府中小学校の実践は，父母と教師の間で共通認識を形成すること，父母・住民に学校を開くことが「学校再生」の鍵であることを示すものでもあった[21]。

4 父母・住民の教育権についての分析枠組みの問い直し

教育実践において，学校と保護者・地域住民との間の意識のずれを埋めるこ

とが重視されたように，この時期には，教師の教育決定権と親の教育要求権を予定調和的にとらえることに対する批判が出される。学校病理現象は，「国・教育行政機関・学校・教員」と「子ども・父母・住民」との間で生じていると分析した今橋盛勝は，父母の教育権の実質的解明を意図して分析枠組み自体を鋭く問い直した。今橋は，父母の位置づけの弱さの一因は公教育制度成立過程にあったが，高学歴化と学校教育の能力主義・管理主義化の下で新たに形成された現代的「お上」意識により，いっそう父母が教師に対し従属的地位に置かれるようになったと分析した[22]。そして父母は，「わが子を教育する自由・権利」として「教育の自由・権利」を有し，子どもを一般人権・学習権侵害から守る権利・義務を有するとした。

これを行使することは，教師との対立・緊張関係を不可避的に生み出すことになるが，今橋はこれを必然的で自然な教育（法）現象ととらえ，その解決に向け関係者が努力し，一定の合意に至る過程に解決の方途を見いだした。

3 「学校づくり」論の展開

既述の少数の教育実践を除き，保護者・地域住民が学校に対して要求を伝え，実現していくための現実のシステムがわが国には存在していなかったため，研究面においては，主として欧米における保護者・地域住民の参加制度やその運用実態・課題が紹介されてきた。そうして保護者・地域住民の参加にかかわる知見が次第に蓄積されつつあったなかで，1990年代以降，「特色ある学校づくり」「開かれた学校づくり」が政策課題化され，その後，保護者・地域住民を学校づくりに位置づける「装置」が設定された。2000年1月の学校教育法施行規則改正による学校評議員，2002年3月の小学校設置基準，中学校設置基準，2007年6月の学校教育法改正による学校評価，2004年6月の地方教育行政の組織及び運営に関する法律改正による学校運営協議会である。

1　学校評議員制度

学校が地域住民の信頼に応え，家庭や地域と連携協力して一体となって子ど

もの健やかな成長をはかっていくためには，今後，よりいっそう地域に開かれた学校づくりを推進していく必要があり，「保護者や地域住民等の意向を把握・反映し，その協力を得るとともに，学校運営の状況等を周知するなど学校としての説明責任を果たしていく」観点から，学校や地域の実情等に応じて，設置者の判断により，学校評議員の設置が可能となった。学校評議員は，「当該学校の職員以外の者で教育に関する理解及び識見を有するものの内から，校長の推薦により，当該学校の設置者」によって委嘱され，「校長の求めに応じ，学校運営に関し意見を述べることができる」。

　この制度は，校長の学校運営に関する権限と責任を前提としており，校長が必要と認めた場合に，必要と判断した事項について，意見を求めることとなる。また，学校外から意見を聞くという制度の趣旨と，教育に関する理解および識見を有するという条件から，当該学校の職員や教育委員会の委員・教育長，児童生徒は，学校評議員として想定されていない。

　文部科学省の「公立学校学校評議員等設置状況」調査によれば，2006年8月1日現在，学校評議員（類似制度を含む）を設置している公立学校は3万5042校で，82.3％（前年度調査では78.4％）であり，幼稚園35.5％，小学校88.2％，中学校88.5％，高等学校92.4％，盲・聾・養護学校で94.0％となっている。

　学校評議員への意見聴取方法としては，公立学校の91.0％で意見を聞くための会合を開催しており，年間の会合開催回数はほぼ1～3回である。意見聴取事項や学校評議員の活動内容については，地域との連携協力（87.6％），学校評価（82.2％），学校の危機管理・児童生徒の安全管理（80.9％）が高く，教育課程（53.7％），学校の施設設備（52.3％）が低くなっている。

　学校評議員制度運用上の課題（自由記述）については，56の都道府県・指定都市から具体的な回答があり，「評議員の適任者確保や人選方法」「意見の聴取内容や会議等の開催方法」「聴取した意見の学校教育活動への活用方法」等が多くあげられ，「出された多くの意見を限られた環境の中で実践するのは難しい」「意見が多岐にわたり，それを客観的な見方でどのように集約するのかが難しい」といった課題も提示されている。

2　学校評価

　学校評価は，2002年3月の学校設置基準で努力義務化され，その後2007年6月の学校教育法改正で実施が義務づけられ，その目的については，教育活動その他の学校運営の状況についての評価結果に基づき「学校運営の改善を図るため必要な措置を講ずることにより，その教育水準の向上に努め」ることとされている（学校教育法第42条）。続く第43条では，「小学校は，当該小学校に関する保護者及び地域住民その他の関係者の理解を深めるとともに，これらの者との連携及び協力の推進に資するため，当該小学校の教育活動その他の学校運営の状況に関する情報を積極的に提供するものとする」（幼稚園，中学校，高等学校，中等教育学校，特別支援学校，専修学校，各種学校に準用）と規定されている。

　これまで，保護者・地域住民がどのように「学校評価」にかかわるのかについては明示されず，2002年度に制度化された際の留意事項では，「学校や地域の状況等に応じて，自己評価だけではなく，保護者や地域住民等を加えて評価を行ったりする工夫も考えられる」と曖昧に記述されるにとどまっていた。また，「自己評価」「外部評価」の「自己」と「外部」がそれぞれ何をさすのかについても不明であった。しかし，2007年8月の「学校評価の在り方と今後の推進方策について　第1次報告」において，ようやく用語が整理され，2008年1月の「学校評価ガイドライン〔改訂〕」にも盛り込まれた。

　それによれば，「自己評価」は，各学校の教職員が行う評価，「学校関係者評価」は，保護者，地域住民等の学校関係者などにより構成された評価委員会等が自己評価の結果について評価することを基本として行う評価，「第三者評価」は，学校と直接関係を有しない専門家等による客観的な評価である。

　「学校関係者評価」は，保護者，学校評議員，地域住民，青少年健全育成関係団体の関係者，接続する学校の教職員その他の学校関係者などにより構成された委員会等が，その学校の教育活動の観察や意見交換等を通じて，自己評価の結果について評価することを基本として行うものであり，教職員による自己評価と保護者等による学校関係者評価は，学校運営の改善をはかるうえで不可欠のものとして，有機的・一体的に位置づけるものとされている。

文部科学省の「学校評価および情報提供の実施状況」調査（2006年度間実績）によれば，①自己評価は，89.5％の国公私立学校で実施されており，「広く結果を公表」しているのが41.4％，学校便り等での公表が78.9％，ホームページでの公表が31.0％となっており，改善策を公表している学校は77.7％である。

②外部アンケート等は，76.5％の国公私立学校で実施されており，その項目は，学校教育活動への満足度，授業，学校行事，児童生徒の基本的習慣，生徒指導（70％以上の項目）となっている。また，その回答者は，保護者95.5％，児童生徒54.0％，地域住民や関係機関職員等32.6％である。

③学校関係者評価は，42.2％の国公私立学校で実施されており（公立：49.1％，国立：68.1％，私立12.9％），評価組織の存在する学校は86.3％（公立：87.7％，国立：92.1％，私立63.0％）であり，その構成者は，保護者等74.3％（うちPTA役員58.0％），学校評議員66.2％，地域住民や関係機関職員等55.7％となっている。また，評価組織の活動内容は，校長等管理職との対話，学校行事の参観，授業参観（70％以上の項目）であり，「広く結果を公表」している学校は38.1％，学校便り等での公表は76.7％，ホームページでの公表は33.5％，改善策を公表している学校は77.5％である。

3　学校運営協議会

「地域住民，保護者等が教育員会，校長と責任を分かち合いながら，学校運営に携わっていくことで，地域に開かれ，地域に支えられる学校づくりを実現する」ことをめざし，学校運営協議会制度が創設された。これにより，教育委員会の判断で，保護者・地域住民が，合議制の機関である学校運営協議会を通じて，一定の権限をもって学校運営に参画することが可能となった。教育委員会は，地域の特色や学校の実態を踏まえ，地域住民や保護者の要望を反映して，学校運営協議会を置く学校を指定することができ，それらは「地域運営学校」や「コミュニティ・スクール」等の名称で呼ばれている。

学校運営協議会には，①学校運営に関して，教育課程の編成その他教育委員会規則で定める事項について，校長が作成する基本的な方針の承認を行う，②

学校の運営に関する事項について，教育委員会または校長に対して意見を述べる，③学校の教職員の採用その他の任用に関する事項について，任命権者に対して直接意見を述べることができ，その意見は任命権者に尊重される，という権限が与えられており，校長は，学校運営協議会が承認する基本的な方針に従って学校運営を行う。

学校運営協議会の委員は，教育委員会によって任命され，法律上指定されている地域住民，保護者の他，校長や教職員，学識経験者，関係機関の職員等が想定されている。学校管理運営に一定の権限をもって関与する機関という性質上，委員として児童生徒を含めることは意図されていないが，必要と認める場合，発達段階に配慮しつつ，児童生徒に意見を述べる機会を与えるなどの工夫を行うことも差し支えないとされている。教育委員会は，公立学校の運営の公正性・公平性・中立性の確保に留意しつつ，幅広く適任者を募るとともに，合議体として適切な意思形成が行われるよう，研修等を通じ，委員が学校運営協議会の役割や責任について正しい理解を得るよう努めることとされている。

学校運営協議会は，「承認」というかたちで学校運営の基本的な方針作成手続きに関わるが，その具体的な内容としては，教育課程の編成の他，施設管理，組織編成，施設・設備等の整備，予算執行等に関する事項が想定されている。また，学校運営協議会は，学校の基本的な方針を踏まえて，実現しようとする教育目標・内容等に適った教職員配置を求めることができるが，これは，採用，承認，転任に関する事項であり，分限処分，懲戒処分，勤務条件の決定などに関する事項は含まれない。

さらに，学校運営協議会でも学校の運営状況等について自己点検・評価に取り組み，協議会の運営状況や協議内容も含め，地域住民や保護者に対する情報公開の取組みを進める必要があるととらえられている。

2008年4月1日現在，学校運営協議会を設置する学校として指定されている学校は，343校であり，2008年度以降指定予定が210校となっている。

4　学校支援地域本部

　学校評議員，学校評価，学校運営協議会は，いずれも初等中等教育局の「信頼される学校づくり」政策として展開され，制度化されたものであるが，生涯学習政策局の「地域の教育力の向上」政策として，2008年度より「学校支援地域本部事業」が進められている。

　2006年12月22日に公布・施行された教育基本法は，第13条（学校，家庭及び地域住民等の相互の連携協力）において，「学校，家庭及び地域住民その他の関係者は，教育におけるそれぞれの役割と責任を自覚するとともに，相互の連携及び協力に努めるものとする」と規定している。学校支援地域本部事業は，「これを具体化する方策の柱」として，「学校・家庭・地域が一体となって地域ぐるみで子どもを育てる体制を整えることを目的」としたものであり，「(1)教員や地域の大人が子どもと向き合う時間が増えるなど，学校や地域の教育活動のさらなる充実が図られるとともに，(2)地域住民が自らの学習成果を生かす場が広がり，(3)地域の教育力が向上することが期待」されている。

　学校支援地域本部は，基本的に「地域コーディネーター」「学校支援ボランティア」「地域教育協議会」から構成され，地域コーディネーターは，学校とボランティア，あるいはボランティア間の連絡調整等を行い，学校が必要とする支援を学校支援ボランティアが行う。また，地域教育協議会は，学校やPTA，公民館等の関係者から構成され，地域の学校をどう支援するか企画立案等を行う。

おわりに

　以上，「学校づくり」論の生成・展開過程を見てきた。最後に，流れを簡単に追いながら，保護者・地域住民がどのように位置づけられていたのかを整理しよう。

　戦後改革期に展開された「コミュニティ・スクール（郷土社会学校）」論は，アメリカの民主的教育行政・経営論に基づく，啓蒙的色彩を帯びた理想的なものであり，学校内における教職員の民主的な関係を構築し，地域住民もかかわ

って，子どもの興味関心に基づく教育課程を作成するというものであった。その後，時代の変化によって学校の自律性が失われていくなかで，保護者や地域住民の教育意思を学校運営にいかに実現するかを模索する教育実践運動が展開される。そこでは教職の専門性を基礎として，教育の論理によって教育活動を組織的に再編成することが試みられ，保護者や地域住民自身が学校にかかわることによって成長し，また，教育活動も豊かになることが提示されていた。他方，文部省と教員組合の対立は激化し，教育権論争が展開されるなかで，保護者と地域住民の権利については十分に深められず，親が「教師に教育専門的判断を求める権利」が提示されるにとどまっていた。

　1960年代から70年代にかけて社会構造が変化し，家庭および地域社会の教育力が低下する一方で，学校教育は肥大化し，学校病理現象が顕著になっていった。この時期においては，学校には，教員の専門性に基づいて，保護者や地域住民から伝えられた多様な教育意思・要求を受けとめ，調整し，組織化することが求められていたが，少数の教育実践においては，子どもと父母の生活実態と学校への願いを正確に把握し，父母と教師の間で共通認識を形成すること，そして父母・住民に学校を開くことが「学校再生」の鍵であることが経験的に認識されていた。

　1990年代に入り，特色ある学校づくり，開かれた学校づくりが政策課題化し，学校評議員，学校評価，学校運営協議会が制度化された。学校評議員は，あくまで校長の求めに応じ，学校運営に関し意見を述べることができるという制度であったのに対し，学校運営協議会は，保護者・地域住民が，合議制の機関を通じて，一定の権限をもって学校運営に参画する制度であり，教育課程の編成の他，施設管理，組織編成，施設・設備等の整備，予算執行等に関する事項について校長が作成する基本的な方針の承認を行い，さらに，実現しようとする教育目標・内容等に適った教職員配置を求めることができるものであった。また，学校評価にかかわって，保護者・地域住民には，「学校関係者評価」という形態で学校の教育活動を観察し，意見交換等を行うルートが形成され，学校運営を改善するマネジメント・サイクルに位置づけられた。さらに，生涯学習

政策の一環として，学校支援地域本部事業も開始され，学校・家庭・地域が一体となって地域ぐるみで子どもを育てる体制づくりがめざされており，そこでは，地域住民自身のやりがいと成長という視点や地域の教育力を向上させるという視点も盛り込まれている。これまで述べてきたようなさまざまな機会をとらえて，今後，保護者・地域住民が学校づくりにかかわる意義が広く認められ，それが現実化することが期待される。 【南部　初世】

注
（1）　文部省『小学校経営の手引』学芸図書，1949年，105頁。
（2）　文部省学校教育局『新制中学校新制高等学校望ましい運営の指針』教育問題調査所，1949年，21-22頁。
（3）　文部省，前掲書，49-51頁。
（4）　文部省学校教育局，前掲書，45頁。
（5）　小島弘道「戦後教育と教育経営」『日本教育経営学会紀要』第38号，第一法規，1996年，8-11頁。
（6）　小島，同上論文，3頁。
（7）　細谷俊夫「まえがき」教育経営学会編『学校経営の基本問題』明治図書，1959年，1-2頁。
（8）　細谷俊夫「学校経営の基本問題」教育経営学会，同上書，12頁。
（9）　永岡順「第1部 解説編 Ⅰ 総論 1. 戦後学校経営の展開と研究の動向（1945年〜1975年）」永岡順・小島弘道編著『現代学校経営総合文献目録』第一法規，1987年，18頁。
（10）　吉本二郎「第1部 解説編 Ⅱ 各論 1 学校経営一般」吉本二郎・永岡順編著『学校経営総合文献目録』第一法規，1977年，8頁。
（11）　宗像誠也編『学校運営と民主的職場づくり―重層構造論，特別権力関係論批判を中心に―』労働旬報社，1969年，153-154頁（浦野東洋一執筆箇所）。
（12）　北神正行「学校づくりと学校経営」『日本教育経営学会紀要』第38号，第一法規，1996年，50頁。
（13）　持田栄一『学校づくり』三一新書，1963年，10-11頁。
（14）　同上書，124頁。
（15）　斎藤喜博『学校づくりの記』国土社，1958年。
（16）　宗像誠也『教育行政学序説（増補版）』有斐閣，1969年，247頁。
（17）　堀尾輝久「現代における教育と法」『現代法と市民』岩波書店，1966年，204頁。
（18）　兼子仁『教育法（新版）』有斐閣，1978年，300-301頁。
（19）　水本徳明「教育行政と学校経営」堀内孜・小松郁夫編著『現代教育行政の構造と課

題』第一法規,1987年,156頁。
(20) 堀内孜『学校経営の機能と構造』明治図書,1985年,161-163頁。
(21) 「教職員集団とともに父母が参加し支える学校づくり－府中小学校の教育実践－」『教育実践事典 第5巻 地域に根ざす教育実践』労働旬報社,1982年。
(22) 今橋盛勝『教育法と法社会学』三省堂,1983年,134-135頁。

考えてみよう
1. 戦後教育改革期における「コミュニティ・スクール」論と学校運営協議会制度について調べ,違いを考えてみよう。
2. 教育権論争について主な論点を整理してみよう。
3. 学校病理現象について調べ,今日の学校がかかえている問題と比較してみよう。
4. 1970-80年代の地域に根ざす学校づくり実践について調べてみよう。
5. 学校支援地域本部の取組みについて調べ,課題をまとめてみよう。

参考文献
小島弘道「戦後教育と教育経営」『日本教育経営学会紀要』第38号,第一法規,1996年
持田栄一『学校づくり』三一新書,1963年
今橋盛勝『教育法と法社会学』三省堂,1983年
中央教育審議会答申「今後の地方教育行政の在り方について」(1998年9月21日)

第13章　学校評価と学校づくり

1　学校評価の制度化

1　学校評価の導入

　よりよい学校づくりを行うための評価システムの構築については，学校経営の実践・研究の分野において，協議一括方式，質問紙記述方式，チェックリスト方式などの方法が従来から検討されてきた。学校経営の一連のプロセスをPDCA，すなわちP(Plan：計画)→D(Do：実施)→C(Check：評価)→A(Action：改善)のマネジメントサイクルでとらえ，学校の諸実践を省みてこれを次期計画へとフィードバックし改善していく評価の機能は，特色ある学校づくり，学校運営に関する説明責任の遂行といった観点でも注目されてきた。

　1998年の中教審答申「今後の地方教育行政の在り方について」第3章「学校の自主性・自律性の確立について」では，「6　地域住民の学校運営への参画」で，今後の具体的改善方策として，学校の自己評価が学校評議員の設置とともに取り上げられている。

　　6　地域住民の学校運営への参画
　　　学校が地域住民の信頼にこたえ，家庭や地域が連携協力して教育活動を展開するためには，学校を開かれたものとするとともに，学校の経営責任を明らかにするための取組みが必要である。このような観点から，学校の教育目標とそれに基づく具体的教育計画，またその実施状況についての自己評価を，それぞれ，保護者や地域住民に説明することが必要である。
　　　具体的改善方策
　　　（教育計画等の保護者，地域住民に対する説明）

ア　各学校においては，教育目標や教育計画等を年度当初に保護者や地域
　　住民に説明するとともに，その達成状況等に関する自己評価を実施し，
　　保護者や地域住民に説明するように努めること。また，自己評価が適切
　　に行われるよう，その方法等について研究を進めること。(該当部分のみ
　　を抜すい)

　2002年に小・中学校の設置基準が制定された折，幼稚園，小，中，高等学校における自己評価についての規定が盛り込まれ，「教育活動その他の学校運営の状況について自ら点検及び評価を行い，その結果を公表するよう努めるものとする」とされた。新しく制定された小・中学校の設置基準は，私立学校の義務教育段階への参入を容易にするため，従来の設備・編制のための諸基準よりも緩めの基準が設定された。これを受けるかたちで，各学校の自己管理を促すように，自己評価実施の努力義務および保護者等への情報提供についての規定が設置基準に盛り込まれた。

　これらを契機として，各地域の教育委員会や学校で，学校評価システムの構築についての試みがなされてきた。チェックリスト方式や教職員・児童生徒・保護者等へのアンケート方式による意見聴取，学校評議員やホームページを活用しての学校評価情報の公開などの実践が積み重ねられ，評価制度は学校現場で広がりを見せている。2006年3月27日には，「義務教育学校における学校評価ガイドライン」が出され，具体的な学校評価の方法についての目安が示された。

2　学校教育法の改正

　学校評価は，2007年6月，学校教育法の一部改正により，正式に法に位置づけられることとなった。
　　学校教育法第42条　小学校は，文部科学大臣の定めるところにより当該
　　　小学校の教育活動その他の学校運営の状況について評価を行い，その結
　　　果に基づき学校運営の改善を図るため必要な措置を講ずることにより，
　　　その教育水準の向上に努めなければならない。

第43条　小学校は，当該小学校に関する保護者及び地域住民その他の関係者の理解を深めるとともに，これらの者との連携及び協力の推進に資するため，当該小学校の教育活動その他の学校運営の状況に関する情報を積極的に提供するものとする。
　（幼稚園（第28条），中学校（第49条），高等学校（第62条），中等教育学校（第70条），特別支援学校（第82条），専修学校（第133条）及び各種学校（第134条第2項）に，それぞれ準用）

この後の学校評価の方法は，文部科学大臣が定める方法に従って実施されることとなった。学校教育法の規定を受けて，同法施行規則が10月に改正され，学校評価に関しては，次のように示された。

　学校教育法施行規則第66条　小学校は，当該小学校の教育活動その他の学校運営の状況について，自ら評価を行い，その結果を公表するものとする。
　2　前項の評価を行うに当たつては，小学校は，その実情に応じ，適切な項目を設定して行うものとする。
　第67条　小学校は，前条第1項の規定による評価の結果を踏まえた当該小学校の児童の保護者その他の当該小学校の関係者（当該小学校の職員を除く。）による評価を行い，その結果を公表するよう努めるものとする。
　第68条　小学校は，第66条第1項の規定による評価の結果及び前条の規定により評価を行つた場合はその結果を，当該小学校の設置者に報告するものとする。
　（幼稚園（第39条），中学校（第79条），高等学校（第104条），中等教育学校（第113条），特別支援学校（第135条），専修学校（第189条），各種学校（第190条）に，それぞれ準用）

今次の学校評価は，それまでの，設置基準に示された自己評価を主な内容としていた学校評価とは性格が異なる。学校教育法の条文に「文部科学大臣の定めるところにより」との一言が入れられたことで，その具体的な方法が施行規則で示されており，国が直接的に学校経営の枠組みを規定する仕組みになって

いる[1]。

2 学校評価の方法

1 学校評価のガイドライン

　学校評価の方法をさらに詳しく説明した新しいガイドラインは，新たに高等学校も対象に加えて，2008年1月31日に改訂版として出され，3月24日には「幼稚園における学校評価ガイドライン」も示された。

　これによると，学校評価の目的は，次の点にある。すなわち，学校の裁量が拡大し，自主的・自律的な学校運営の可能性が高まるなか，より良い教育活動を実現するためには，その水準向上への改善努力が学校ごとになされる必要があり，学校評価はそのための情報の収集や分析を目的とする。そこで得られた学校運営に関する種々のデータは，学校運営に協力する人たちとも共有される情報として活用される。

　学校は，教育活動や学校運営のめざすべき目標を設定し，達成状況を確かめることで，組織的・継続的な改善をはかる必要がある。学校の評価結果を公開することは，学校の説明責任を果たすことであると同時に，保護者や地域住民との協力に基づく学校運営を促進する。学校の設置者は，学校評価の結果を受けて，学校に対する支援・条件整備の措置を講じ，教育の水準確保と向上に貢献することが求められる。

　新しい学校評価の枠組みは，以下の3本立てで考えられている（学校評価の推進に関する調査研究協力者会議「学校評価の在り方と今後の推進方策について（第1次報告）」2007年8月27日）。

自己評価	校長のリーダーシップの下で，当該学校の全教職員が参加し，予め設定した目標や具体的計画等に照らして，その達成状況の把握や取組の適切さ等について評価を行う。
学校関係者評価	保護者（PTA役員等），学校評議員，地域住民，接続する学校の教職員その他の学校関係者などの外部評価者により構成された委員会等が，当該学校の教育活動の観察や意見交換等を通じて，自己評価結果を踏まえて評価を行う。
第三者評価	当該学校に直接かかわりをもたない専門家等が，自己評価及び学校関係者評価（外部評価）結果等を資料として活用しつつ，教育活動その他の学校運営全般について，専門的・客観的立場から評価を行う。

新しい学校評価は段階的に進められる。まず，学校の教育活動について，児童生徒や保護者・地域住民に対するアンケートなどにより情報を収集し，学校の年間の教育活動について教職員が分析・考察し自己評価報告書を作成する。この学校の自己評価を受けて，その自己評価結果が妥当なものであるかどうかを学校関係者による組織が検証する。一方，これらの学校に近いところにいる人たちが実施する評価（当事者評価）とは異なり，直接の利害関係をもたない人たちによって行われる評価（他者評価）には，学校評価に客観性を補うとともに，当事者だけでは気づかない学校の強みについて発見することも期待されている。

なお，このような学校評価の枠組みについては，評価にかかわる主体の位置づけに注目する必要がある。学校づくりの協働を担保するためには，本来，学校の「自己」は広くとらえるべきで，学校評価においても，教職員と児童生徒，保護者，地域住民による協力関係を助長するようなあり方が望まれる。

従来用いられてきた学校の「外部評価」という用語をめぐっては，それが保護者や地域住民をさすのか，学校外の有識者なども含めた集団をさすのかなど議論があった。ガイドラインにおいては，それを「学校関係者評価」「第三者評価」というかたちで分けて整理している。従来から保護者や地域住民に対して行われてきたアンケートによる意見聴取は，「外部アンケート」と呼び，自己評価の一部と考えられることになった。

何を外部と見るか，という点が問題となったのは，保護者や地域住民は，学校運営の主体として学校の一部をなすとも考えられ，評価のやり方によっては，その存在を学校から切り離してしまう危険性が生じるからである。保護者らを学校の外部＝「消費者」的に扱うことで，サービスの向上という点では学校の質的改善をはかるきっかけとなりうるが，教職員とともに学校をつくるという人間関係を阻害することも十分に考えられる。不用意な「外部」用語の使用は，慎重に避けられる必要があるだろう。

2　学校の自己評価

学校評価のガイドラインに従って，以下，学校評価の方法について概略を見

第13章　学校評価と学校づくり

ておこう。

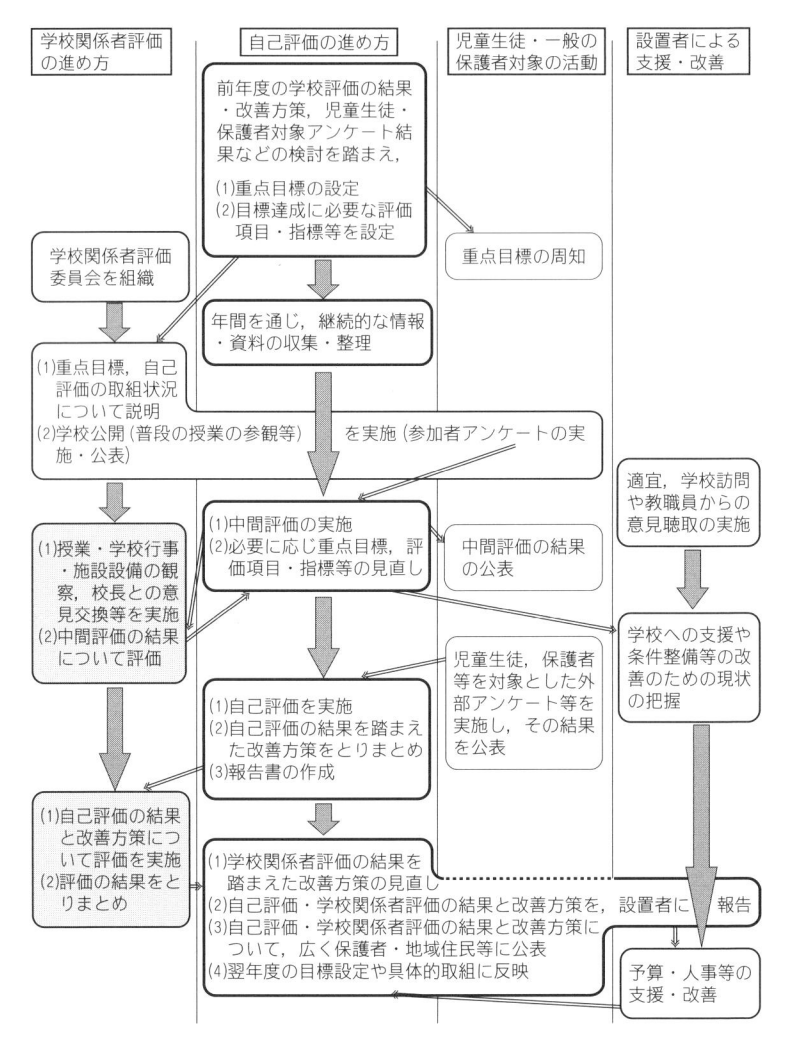

学校関係者評価の進め方	自己評価の進め方	児童生徒・一般の保護者対象の活動	設置者による支援・改善
	前年度の学校評価の結果・改善方策、児童生徒・保護者対象アンケート結果などの検討を踏まえ、 (1)重点目標の設定 (2)目標達成に必要な評価項目・指標等を設定	重点目標の周知	
学校関係者評価委員会を組織			
(1)重点目標，自己評価の取組状況について説明 (2)学校公開（普段の授業の参観等）を実施（参加者アンケートの実施・公表）	年間を通じ，継続的な情報・資料の収集・整理		
(1)授業・学校行事・施設設備の観察，校長との意見交換等を実施 (2)中間評価の結果について評価	(1)中間評価の実施 (2)必要に応じ重点目標，評価項目・指標等の見直し	中間評価の結果の公表	適宜，学校訪問や教職員からの意見聴取の実施
	(1)自己評価を実施 (2)自己評価の結果を踏まえた改善方策をとりまとめ (3)報告書の作成	児童生徒，保護者等を対象とした外部アンケート等を実施し，その結果を公表	学校への支援や条件整備等の改善のための現状の把握
(1)自己評価の結果と改善方策について評価を実施 (2)評価の結果をとりまとめ	(1)学校関係者評価の結果を踏まえた改善方策の見直し (2)自己評価・学校関係者評価の結果と改善方策を，設置者に報告 (3)自己評価・学校関係者評価の結果と改善方策について，広く保護者・地域住民等に公表 (4)翌年度の目標設定や具体的取組に反映		予算・人事等の支援・改善

〔注〕「設置者による支援・改善」の欄を除き，特に明示がない場合には，学校がそれぞれの活動の主体になる。
青字で記述した活動は，学校関係者評価委員会が活動の主体になる。

図 13.1　自己評価・学校関係者評価の進め方のイメージ例
（参考：「自己評価・学校関係者評価の進め方のイメージ例」ガイドライン，5頁。
図中の「青字で記述した活動」は，アミ伏せで表示）

自己評価のポイントは，次の2点とされている。

重点化された具体的な目標の設定——重点化された目標設定が自己評価の始まりであり，重点目標は学校の課題に即した具体的で明確なものとすること，総花的な設定を避けて精選することが重要

PDCA サイクルによる自己評価——重点目標に基づく評価（評価項目の設定），評価結果に基づく改善方策の立案が重要

　評価の前提としては，目標設定が鍵になる。学校経営の中期的方針を策定し，これを敷衍して，重点課題や短期的目標に関して具体的かつ明確な目標を設定する。ここでは，学年全体としての目標の共有と体制の整備に留意する必要がある。目標については，随時見直しを行い，廃止も含めて柔軟な対応をすることが，ガイドラインでは示唆されている。

　重点目標の達成に向けては，具体的な取組みなどを評価項目とし，その達成状況を把握するために必要な指標を設定する。評価においては，「目標の達成状況を把握するための（成果に着目する）もの」と「達成に向けた取組の状況を把握するための（取組に着目する）もの」に大別できるとされる。

　自己評価は，校長のリーダーシップの下，全教職員が参加して組織的に取り組む。自己評価を行う上では，授業評価を含む，児童生徒，保護者，地域住民に対するアンケートの結果を活用する。数値的な評価は有効であるが，数値のみにとらわれることは適切ではなく，定量的に示すことができない点にも目を向ける必要がある。

　学校は自己評価の結果を今後の改善方策と併せて簡潔・明瞭に記述して報告書に取りまとめ，評価結果を広く保護者や地域住民に公表する。報告書は，設置者に提出する。

3　学校関係者評価

学校関係者評価のポイントは，次の2点である。

自己評価を踏まえた学校関係者評価——学校関係者評価には，自己評価の結果を評価することを通じて，①自己評価の客観性・透明性を高めること，

②学校・家庭・地域が共通理解を持ち，その連携協力により学校運営の改善に当たること，が期待されており，学校・家庭・地域を結ぶ「コミュニケーション・ツール」としての活用を図ることが重要

主体的・能動的な評価活動——外部アンケート等の実施で学校関係者評価に代えることは適当ではない。アンケートへの回答や自己評価結果についての単なる意見聴取などの受動的な評価ではなく，評価者の主体的・能動的な評価活動が重要

学校関係者評価は，自己評価の客観性・透明性を高めるとともに，学校・家庭・地域が学校の現状と課題について共通理解を深めて相互の連携を促し，学校運営の改善への協力を促進することを目的として行う。この評価は，学校と保護者・地域を結ぶコミュニケーション・ツールであると考えられている。外部アンケートでは評価者による主体的な活動ができないため，ここでの評価のような効果は得られないという。学校関係者としては，保護者をはじめとして，学校評議員，地元企業関係者，青少年健全育成関係団体，警察関係者，接続する学校段階の教職員，大学等の研究者などが想定されている。取り組みがより透明性の高いものとして配慮されれば，学校評議員や学校運営協議会をもって学校関係者評価委員会に替えることもできる。なお，学校関係者評価委員会の事務負担は，学校または設置者が行うものとされている。

学校関係者は，具体的には次のような点を評価し，その結果を簡潔かつ明瞭に報告書にまとめる。

- 自己評価の結果の内容が適切かどうか
- 自己評価の結果を踏まえた今後の改善方策が適切かどうか
- 学校の重点目標や自己評価の評価項目等が適切かどうか
- 学校運営の改善に向けた実際の取組が適切かどうか

学校は，学校関係者評価を踏まえて，改めて改善方策を見直したうえで併せて報告書に記述する。これらの評価も自己評価同様，広く公表されるとともに，報告書は設置者に提出される。

4　評価結果の公表と報告

　評価結果の公表にあたっては，改善方策も公表して，保護者や地域からの理解と連携を促す工夫が必要であるとされ，公表はPTA総会を活用した説明や学校のホームページ，地域広報誌に載せて，広く内容が知らされることが望まれる。

　学校評価の結果報告を受ける設置者には，予算配分や人事措置などの学校支援・改善を行うとともに，学校評価に関する教職員・学校関係者の研修活動を充実させることが期待されている。

　ガイドラインは，参考資料として，評価項目・指標を検討する際の視点について，①教育課程・学習指導，②進路指導，③生徒指導，④保健管理，⑤安全管理，⑥特別支援教育，⑦組織運営，⑧研修（資質向上の取組），⑨教育目標・学校評価，⑩情報提供，⑪保護者，地域住民等との連携，⑫教育環境整備，の12項目にわたって，それぞれ具体的な活動状況や実施方法などについての参考例をあげている。

　なお，ガイドラインが示す枠組みは，「例示」にすぎないと，本文のなかで繰り返し述べられている。しかし，重点化した目標設定が必要と説明する一方で，自己評価は少なくとも1年度間に1回（暗に複数回の実施を要請），数年に1度は全方位的な点検・評価も必要，日常的な点検を自己評価の項目・指標とは別に行う，など細々と自己評価の方法についても示唆しているため，教育委員会や各学校が，その枠組みの追従に振り回されることのないように，学校評価を創造的にとらえる必要がある。

　第三者評価については，協力者会議の報告でも多くの検討課題が残っていることが示されている。第三者評価は，学校関係者評価では不足する部分を補うような，学校に利害関係のない機関が行う，専門性の高い，客観的な指標による評価ということになりそうである。しかし，そのような「評価」が本当に必要かどうかは，いまのところ明快ではない。評価に要するコストの問題を含めて，よほど学校の改善に資する制度が構想されなければ，そのような制度が有効にはたらくことはないだろう。

3 学校づくりに活かす学校評価

1 学校評価の問題点

　実際に各地で実践されている学校評価についての問題点としては，どのようなものが考えられるであろうか。

　第1に，学校評価過程での作業の煩雑さがあげられる。多忙化する学校において，学校評価の情報収集とその分析に当たる作業は，教職員への超過負担を強いることにもなりかねない。公開される評価報告書の作成は，神経を使う大変な作業である。ガイドラインがいうように評価項目の絞込みが肝要である。また，学校評価手続きを簡略化する，評価対象によって毎年実施・隔年実施に分ける，日常的な学校評価の機能を高めるなどの方法により，これに対処することが望まれる。

　第2に，学校評価のマンネリ化が考えられる。各学校がかかえている改善されるべき問題は，学力獲得の問題や生徒指導の問題など，慢性的な背景から生じている場合が少なくない。学校評価の結果は，学校の努力の結果ではなく，地域の実情や現代の青少年や家庭・地域の持っている特性を測っているだけ，ということもおおいにありうる。そのような状況にあって，毎年度の学校評価を行っていくことは，教職員や保護者・地域にとってわかりきった現実を再確認させ，無気力化させる結果になってしまうことも考えられる。学校評価の本質的な意図は，学校の教育活動の質的改善をはかることにあり，評価は改善への期待へとつながる内実をもつことが必須である。

　第3に，学校評価への無関心や評価結果の先鋭化について取り組まなければならないだろう。多くの学校関係者が知っているように，学校の活動について関心をもっている保護者や地域住民は必ずしも多くはない。基本的に，子どもが楽しく学校に通っていれば，保護者は学校にさほどの関心を持たないかもしれない。一方，消費者化した保護者からの学校教育活動についてのクレームは理不尽かつ過激になりがちで，そのような意見を反映した学校評価は，必ずしも生産的な改善につながらない。学校を開き，保護者や地域住民の理解を得る

ことは容易なことではないが，結果的に学校の利益につながる。設置者からも，その努力を後押しするような支援がなされる必要がある。

　第4に，学校評価結果の扱いの問題がある。広義の学校評価として，全国学力テストをめぐっては，その結果の公表について，各地で論争が起きている。問題の所在は，結果の扱いである。各学校や児童生徒の達成は，教員や学校の努力の結果だけによるものではない。統一テストの結果は，てこ入れしなければならない学校や地域を明らかにする可能性もある。しかし，テストの結果の良し悪しで予算配分を決める，すなわち，良い成績を収めれば補助金が獲得できるようなシステムは，学校の格差拡大を助長するのみで，弱い学校の「改善」にはつながらない。評価の結果が成果主義的な扱いを受けるとき，改善としての意味は失われてしまう。

2　学校評価結果の活用

　学校評価の仕事が煩雑な割には，それが改善に活かされない理由は何であろうか。そもそも，学校教育活動の改善に資する学校評価の存在意義については異論がなく，これまでも学校評価の実践・研究の蓄積があったのに，それがフォーマルな活動として広く一般化しなかったのは，なぜだろうか。

　第1に，学校を評価する結果が，他の活動に十分に活かされる筋道ができていなかったことがある。どのくらいの人たちが見てくれるかもわからないような報告書を作成するために，アンケートを配り，集計し，分析し，わかったような結果を述べ，自虐的な報告書を書かなければならない学校評価は虚しい。

　学校評価の出力は，それを見る他者が利用したい情報で構成される必要があるだろう。筆者は，学校改築の事業にいくつか携わっているが，こういう際に学校評価情報を利用すればよりよい学校環境整備につながると思われることが多々ある。学校施設の整備は，学校教育活動を支える条件整備であり，広義の学校評価活動としてとらえられてよい。このような教育・学習活動がしたいからこのような学校を建設したい，このような学校を建てれば，ある教育・学習活動にしかるべき改善が期待できる，という観点で学校が改築されれば，改築

の効果は何倍にもなる。近年，設置者や地域住民，一部の校長らが高い意識で学校建設に臨む例がみられ，それらは興味深い学校施設の事例になっている[2]。設置者や校長・教頭，教職員がそのように考えることができれば，効果的な学校建設に学校評価の蓄積が利用できるだろう。

　また，学校評価の情報は，もし十分な情報の交換が可能であれば，他の学校や自治体にとっても参考になる可能性がある。現在でも，ホームページや種々の出版物などを通して，公になっている他校の教育活動の情報を自校の実践の参考にするようなことは一般的である。学校評価情報が，他校の参考になるかたちでさらに提示できれば，その相互利用が向上し，学校評価情報の必要性が認識されるのではないだろうか。

　つまり，最初の問題の一つの答えは，このなかにある。すなわち，学校評価を行うための基礎データである学校の実践報告は，これまでも多くの学校が日常的に行ってきていた。足りなかったのは，それを意識的に行い改善に結びつけること，総括的に評価すること，児童生徒や保護者・地域にもわかるようなかたちで情報を提示すること，それをきっかけに連携・協力関係を構築すること，設置者がそれを受けとめることなどであった。

　第2に，もちろん，教職員に十分な改善意識が備わっていなかったことも認めなければならないだろう。とくにベテラン教職員の一部に存在する職に対する弛緩した意識は，若手の教職員のやる気をそぐに十分である。多くのベテラン教員が，志をもって授業等の改善に取り組むことが学校改善の鍵である。設置者や校長は，ベテラン教職員を鼓舞する策を編み出さなければならない。しかし，それは金銭面で報いるという程度の中味ではないだろう[3]。若手教職員は，児童生徒だけではなく，保護者や地域に向けても，人間関係づくりの努力を最大限に発揮するとともに，（実は身近にいる）優れたモデル教職員の取組みに学ぶ必要がある。

　学校評価は，そのような点から活かされるものとして位置づけることで，自校や他校の学校づくりに貢献する可能性を拡大できるだろう。

3　学校づくりに活かす学校評価

　では，そのような具体的に活かせる学校評価のあり方とはどのようなものだろうか。今後，全国の学校に広がる学校評価の実践の深まりを期待したい。

　学校評価を意味あるものにする第1の視点は「省力化」である。自己評価の基礎資料となる保護者等に対する外部アンケートも，なるべく簡潔にすませる必要がある。毎年実施のものは項目や実施回数を絞り込んだり，ものによっては隔年実施にしたりという工夫が必要であろう。

　評価のポイントは絞って報告されるべきであろう。一方，評価の材料となる学校運営の情報は，ポートフォリオ方式で，多くをストックする方向が考えられる。学校通信，学級通信，行事の記録，子どもたちの作品などの年間教育活動の資料をもとに校長や教頭を中心に，重点目標に沿った学校教育活動評価を行うことができる。あるがままのものを基礎となるデータとして使うか，学校通信や研究発表などの出力を学校評価基礎情報の伝達手段として位置づけ直すなどの方法で，なるべく評価資料を用意するための特別な労力を節約したい。そのようなものを用意する時間は，教育活動の創意工夫と児童生徒へのていねいな指導に向けたほうが効果的である。

　第2のポイントは，次期の計画（P）に力を入れることである。評価の真の機能は改善（A）を充実させて，よりよい学校運営を実現することであった。改善（A）が，次期の計画（P）につながらなければ，教職員が希望や期待を持つことはできない。

　計画＝目標設定が，数値目標に拘泥したり，単年度・個人の成果に焦点化したりすることからも，必ずしも魅力的で有効な計画を打ち出せなくなっているのではないだろうか。たとえば，今年，児童が平均30冊の読書ができたのであれば，来年度は50冊をめざすことだけが改善ではない。図書教育の改善には，心に残る1冊や友だちにぜひすすめたい1冊を探すという質的な目標を立てる，読み聞かせの会を設定する，ブックトークを行う，授業での図書館利用を増やす，教材作成における図書館利用を促進する，など多様な教育・学習計画を考えることができる。効果的で興味深い，教職員が熱心に取り組める学校運営を

実現することがめざされるべきである。

また，次年度の計画は変化がなくても目標たりえる場合もある。高いレベルに達している学習は，来年度も継続・維持したいという目標設定も可能である。

総じて，自己目的化した評価にしない，本来の目的であるはずの活動の改善や計画に労力と資源を投入することが望まれる。ガイドラインの示す学校評価とは，年間教育活動の実施に関して行われる総括的（summative）評価である。一方で，活動のなかで，頻繁に行われる小さな評価すなわち形成的（formative）評価による改善のフィードバックは，活動の実施を円滑・効果的に促進する評価として有効である。それは多くの場合，インフォーマルなかたちで実施されている。前項にあげたように，多様な教育活動に関する証拠を集積することで，これを学校評価の一環としてとらえることもできるのではないだろうか。

【笠井　尚】

注
（1）　学校評価は教育活動の改善に資する一方で，新しい学校評価は学校を監視する仕組みであるとも考えられ，この点については注意を要する。国による学校に対する評価の強化は，相互不信を前提とする「監査社会の到来」とみることができ，その意味では，信頼と協働を基礎とする学校経営を後押しするものではない（中田康彦「『評価の時代』にどう立ち向かうか」浦野東洋一他編著『開かれた学校づくりと学校評価』，『月刊高校教育』10月増刊号，学事出版，2007年を参照）。ガイドラインを文字通り「目安」として，その強制力にとらわれることなく，学校がよりよい学校評価の方法を開発することが望まれる。
（2）　詳しくは，『スクールアメニティ』（ボイックス発行）などを参照されたい。
（3）　成果主義の導入を早くから批判していた高橋伸夫は，「評価はもういい。仕事に戻ろう」という教訓を民間企業の失敗から学ぶ必要がある，といっている（高橋伸夫「民間企業の失敗を教訓にして」『日本教育経営学会紀要』49号，2007年，141-143頁参照）。成果主義の問題点に関しては，高橋伸夫『虚妄の成果主義』（日経BP社，2004年）に詳しい。

考えてみよう
1．なぜ学校評価が制度化されることになったのだろうか。学校評価によって学校の経営がどのように変わることが期待されているのか。

2．文部科学省から示された「学校評価のガイドライン」によると，学校評価はどのような構造で実施されると考えられているだろうか。
3．学校評価が構造的に持っている問題点とは何か。どのような点をクリアすれば，学校経営の改善につなげることができるのだろうか。
4．学校づくりに活かせる学校評価とはいかなるものか。その留意点としては，どのようなことが考えられるだろうか。
5．学校評価において，教職員が果たさなければならない仕事はどのようなことだと考えられるだろうか。

参考文献
木岡一明『学校評価の「問題」を読み解く』教育出版，2004 年
北神正行編『学校の情報提供・外部評価アイデア事例集：学校情報の発信・公開と外部評価のアイデア』(教職研修総合特集：学校が変わる！　厳選・管理職のためのアイデア事例集 No. 3) 教育開発研究所，2005 年
亀井浩明・小松郁夫編『こうして使おう"学校評価ガイドライン"：ガイドラインによるやさしい実践方法』(『教職研修』9 月号増刊，教育課題完全攻略シリーズ：取り組みながら学ぶための"実践マニュアル"No. 4) 教育開発研究所，2006 年
木岡一明他「特集 学校評価システムをどう構築するか－自己評価・学校関係者評価・第三者評価の一体的な推進－」『教職研修』教育開発研究所，2007 年 12 月号
勝野正章「研究総会・報告 教員評価・学校評価のポリティクスと教育法学（新教育基本法と教育法学）」『日本教育法学会年報』No. 37，有斐閣，2008 年，19-30 頁

索　引

あ

アカウンタビリティ　23
新しい職制　54
新たな職　44
安全対策　145
いい学校　31
"いい学校"の条件　31
意思決定　38
意思形成の過程　38
営造物　26
親の就学させる義務　18

か

改正教育基本法　43
学習集団　112
学テ判決　18
学年・学級制　91
学年主任　172
学級　90,92,93
学級王国　111,114,155
学級経営　94-96
学級制　92
学級担任　95,97
　──制　111
学級編制　104,105
　──の標準　90
学級崩壊　89
学校安全　143,144
学校運営協議会　197,200
学校関係者評価　196,209,210
学校管理職のメンタルヘルス　133
学校教育法改正　43
学校経営　32
　──戦略　115
　──と学校経営学　33
　──の構造論争　40
学校支援地域本部事業　199,201
学校設置主体の多様化　55,56
学校設置の規制緩和　56
学校組織　121
学校づくり　29,46,155,181,183,190
　──のための法化　48

　──論　190
学校と法の関係　46,48
学校の管理運営　24
学校の危機管理　140
学校の規範法化　48,49
学校の経営戦略　62
学校の経営法化　49,52,54
学校の私法化　49,55
学校の組織開発　129
学校の民営化　58
学校の民主化　189
学校評価　196,200,204,212
　──ガイドライン　196,206
　──のあり方　215
　──の情報　214
　──の方法　205,207
学校評議員　195
学校力　29
過程（プロセス）介入　130
カリキュラムの PDCA サイクル　64
カリキュラム評価　70
カリキュラム・マネジメント　61-63,67
　──のシステム　69
カント, I.　14
管理上・指導上の職制　39
管理職のバーンアウト　135
官僚制　38
官僚的組織　54
技術的熟達者　100
義務教育の無償　20
義務教育費国庫負担法　105
義務標準法　105
キャリア適応力　126
旧教育基本法　51
教育委員会　23
教育基本法　21,42
　──の改正　49
「教育公務員」としての教師　47
教育相談活動　126
教育勅語　50
教育特区　57
教育における公共性　48
教育の概念　14

索引

教育の社会的公共性　14
教育の自由　20
教育の中立性確保　188
教育への権利　16
教育を受ける権利　17
教員給与費　105
教員の参加権　25
教科担任制　111,113
教師集団の効力感　131
教師のコンプライアンス　47
教師の職務特徴　122
教師のストレス　125
教師の専門性　181,183
　――の特徴　42
教師の多忙化　117
教師のメンタルヘルス　127
教授学習組織改革　114-117
教職員定数　105
教職員のメンタルヘルス　142
行政的管理　39
教頭　54
協働　41,113,117,118
　――の専門性　42
　――(の) 文化　42,70
協力　41
経営　31,35
経営スタッフ　165,167
経営戦略　68
経営と管理　36
経営と組織の論理　40
現代の学校経営改革　44
効果的なチームづくり　132
公教育　15,48
　――観　21
　――制度　16
　――のガバナンス　23
　――の平等　22
公式組織　37
校内研修　115
公立学校の民間委託化　57,58
国民　16
「国民の教育権」論　191
コース別指導　111,117
国庫負担　105
コーディネーション行動　129
子ども参加　181,183
子どもの権利条約　182
コミュニティ・スクール　197

コンプライアンス　47

さ

在学関係　27
三者協議会　175,176
自己評価　209
市町村立学校職員給与負担法　105
指導教諭　54
指導形態　111-113
児童・生徒の参加　25
習熟度別指導　104,112,113,117
集約的な効力感　131
主幹教諭　54
出席停止　77
主任の役割　165
小・中学校設置基準　204
　――制定　56
少人数学級編制　104,107
少人数教育　104
少人数指導　104,108
情報公開・開示請求　149
職員会議　39,53
　――の機能　53
職制　36
「職場づくり」論　189
自律的学校経営　44
スクールソーシャルワーカー　79
スクールミドル　87
スクールリーダー　31
ストレスマネジメント　136
ストレッサー　134
生徒指導　73,74
　――主事　74,85
　――体制　73,82
設置基準　19,56
設置者管理主義　23
ゼロ・トレランス　78
戦後教育　43
戦後の学校経営政策　44
専門職的組織　54
専門性と合議制　39,40
戦略的なミドルリーダー　160
総額裁量制　105
総合的経営力　36
組織　36,37,40
　――の要素　38

た

第三者評価　196,211
体罰　75
地域に根ざす教育・学校づくり　193
知的所有権　148
チーム　127
中間管理職　54
著作権　148
ティーム・ティーチング（TT）　104,112,113,117
伝統的な専門性　42
等級制　91
特別権力関係　26
土佐の教育改革　178
閉じられた専門性　41

な

日本国憲法　20
人間の問題　37

は

バーナード, C.　38
反省的実践家　100
非公式組織　37
評価結果の公表　211
開かれた学校経営　44
開かれた学校づくり　174
開かれた専門性　42,182
副校長　54
不登校　79,151
　──の背景　150
プライバシー　147
プロジェクトチーム　162,167,169
プロジェクトリーダー　161
保護者・地域住民の参加　194
ホームルーム　90

ま

マネジメント手法　53
マネジメント能力　52,158
ミドルリーダー　158-160,165
　──の養成　167
無償教育　20
メディアの活用　146
問題行動　78,81

ら

リスク　140
　──・マネジメント　140

わ

若手教員　159

シリーズ編集代表

三輪　定宣（みわ　さだのぶ）

第8巻編者

小島　弘道（おじま　ひろみち）

現在：龍谷大学教授，京都連合教職大学院教授，筑波大学名誉教授
主な著書等：『学校と親・地域』（東京法令，1996年），『21世紀の学校経営をデザインする〈上・下〉』（教育開発研究所，2002年），『教務主任の職務とリーダーシップ』（東洋館出版社，2003年），『校長の資格・養成と大学院の役割』（編著，東信堂，2004年），『時代の転換と学校経営改革』（編著，学文社，2007年），『第3版　教師の条件―授業と学校をつくる力―』（共著，学文社，2008年）など

［教師教育テキストシリーズ8］
学校経営

2009年5月15日　第1版第1刷発行
2013年8月20日　第1版第3刷発行

　　　　　　　　　　　　　　　　　　　編　者　小島　弘道

発行者　田中　千津子	〒153-0064　東京都目黒区下目黒3-6-1	
発行所　株式会社　学文社	電話　03（3715）1501　代	
	FAX　03（3715）2012	
	http://www.gakubunsha.com	

©Hiromichi OJIMA 2009　　　　　　　　　　　印刷　新灯印刷
乱丁・落丁の場合は本社でお取替えします。
定価は売上カード，カバーに表示。

ISBN 978-4-7620-1658-5

教師教育テキストシリーズ
〔全15巻〕

編集代表　三輪　定宣

第1巻	教育学概論	三輪　定宣 著
第2巻	教職論	岩田　康之・高野　和子 共編
第3巻	教育史	古沢　常雄・米田　俊彦 共編
第4巻	教育心理学	杉江　修治 編
第5巻	教育社会学	久冨　善之・長谷川　裕 共編
第6巻	社会教育	長澤　成次 編
第7巻	教育の法と制度	浪本　勝年 編
第8巻	学校経営	小島　弘道 編
第9巻	教育課程	山﨑　準二 編
第10巻	教育の方法・技術	岩川　直樹 編
第11巻	道徳教育	井ノ口淳三 編
第12巻	特別活動	折出　健二 編
第13巻	生活指導	折出　健二 編
第14巻	教育相談	広木　克行 編
第15巻	教育実習	高野　和子・岩田　康之 共編

各巻：A5判並製カバー／150～200頁

編集方針
① 教科書としての標準性・体系性・平易性・発展性などを考慮する。
② 教職における教育学の魅力と重要性が理解できるようにする。
③ 教職の責任・複雑・困難に応え，その専門職性の確立に寄与する。
④ 教師教育研究，教育諸科学，教育実践の蓄積・成果を踏まえる。
⑤ 教職にとっての必要性・有用性・実用性などを説明・具体化し，現場に生かされ，役立つものをめざす。
⑥ 子どもの理解・権利保障，子どもとの関係づくりなどが深められるようにする。
⑦ 教育実践・研究・改革への意欲，能力が高まるよう工夫する。
⑧ 事例，トピック，問題などを随所に取り入れ，実践や事実への関心が高まるようにする。